1978년 리폼드 바이블 칼리지 베이커 미션 강연
_ 미시간주, 그랜드래피즈

1978년 무어 신학대학 강연
_ 호주, 시드니

Proclaiming Christ in a Pluralistic Age: The 1978 Lectures
by J. I. Packer

Copyright © 2024 by Glevum Publication, LTD
Published by Crossway, a publishing ministry of Good News Publishers
Wheaton, Illinois 60187, U.S.A.

This Korean edition copyright © 2024 by Word of Life Press,
Seoul, Republic of Korea.
Published by arrangement with Crossway through rMaeng2,
Seoul, Republic of Korea.

All rights reserved.

이 한국어판의 저작권은 알맹2를 통하여 Crossway와
독점 계약한 생명의말씀사에 있습니다.
신저작권법에 의하여 한국 내에서 보호받는 저작물이므로
무단전재와 무단복제를 금합니다.

패커, 기독교에 대한 도전에 답하다
© 생명의말씀사 2024

2024년 10월 28일 1판 1쇄 발행

펴낸이 | 김창영
펴낸곳 | 생명의말씀사

등록 | 1962. 1. 10. No.300-1962-1
주소 | 서울시 종로구 경희궁1길 6 (03176)
전화 | 02)738-6555(본사)·02)3159-7979(영업)
팩스 | 02)739-3824(본사)·080-022-8585(영업)

기획편집 | 유영란
디자인 | 김혜진, 최종혜
인쇄 | 영진문원
제본 | 보경문화사

ISBN 978-89-04-16903-0 (03230)

저작권자의 허락 없이 이 책의 일부 또는 전체를
무단 복제, 전재, 발췌하면 저작권법에 의해 처벌을 받습니다.

패커, 기독교에 대한 도전에 답하다

Proclaiming Christ in a Pluralistic Age

자유주의, 혼합주의, 세속적 인본주의…
다원주의 시대에 그리스도를 어떻게 전할 것인가?

제임스 패커 지음　전의우 옮김

생명의말씀사

"1978년, 제임스 패커는 미시간주에 자리한 리폼드 바이블 칼리지에서 이 강연들을 했고, 뒤이어 호주로 건너가 무어 칼리지 연례 강연에서 같은 시리즈로 두 번째 강연을 했다. 이 강연이 책으로 나오기까지 꼬박 45년이 걸렸다. 강연과 출판 사이에 긴 간극이 있기에, 이 책은 우리가 당시로부터 얼마나 멀어졌는지 그만큼 강하게 일깨워 준다. 이 책은 그 시절의 패커를 떠올리게 한다. 패커는 차분하고 정중한 어조로, 처음부터 끝까지 우리 주 예수께 집중하면서 성경에 충실한 해석으로, 우리가 그리스도의 제자로 살아가는 이 세상을 형성하는 여러 운동을 예리하게 분석한다. 분명, 읽을 가치가 있는 책이다. 강력하게 추천한다."

마크 D. 톰슨, 무어 신학대학 학장

"제임스 패커는 그리스도의 복음을 선포하는 높은 기준을 제시했다. 그의 주장은 품위 있으나 절대로 비겁하지 않고, 강력하나 절대로 무례하지 않으며, 충실하면서도 절대로 반복적이지 않다. 이제 패커의 1978년 강연이 출판되어 우리는 우리 세대에 훨씬 깊고 풍성하게 '복음을 변호하고 입증할' 수 있게 되었다(빌 1:7, 새번역)."

레이 오틀런드, 리뉴얼 미니스트리 대표

"젊은 시절, 그리스도의 절대적인 유일성을 부정하는 가르침의 공격을 끊임없이 받았다. 우리는 그리스도의 유일성이 성경 전체의 메시지와 충돌하는 몇몇 본문에 근거할 뿐이라는 말을 들었다. 당시 나는 제임스 패커의 글과 그의 메시지가 녹음된 테이프를 통해, 그리스도의 유일성이 단지 몇몇 본문에 근거한 것이 아니라, 창조세계가 직면한 딜레마에 대한 창조자의 답변인 그리스도의 위격과 사역에 근거한다고 확신하게 되었다. 이 자료가 이렇게 새로운 형태로 나오게 되어 더없이 기쁘다. 이 문제는 나의 젊은 시절보다 지금 훨씬 더 중요하다. 패커의 강력한 설명은 시기적절할 뿐 아니라 강한 설득력이 있다."

아지스 페르난도, 스리랑카 '유스 포 크라이스트' 티칭 디렉터

CONTENTS

개요 8
발행인 서문 12

01 우리에게는 들려줄 이야기가 있습니다   29
: 십자가에 못 박힌 그리스도

02 사람이신 예수   67
: 그리스도의 인성에 대한 도전

03 자신을 비우신 예수   105
: 그리스도의 신성에 대한 도전

04 놀라운 교환   143
: 그리스도의 사역에 대한 도전

05 다른 이름은 없습니다   181
: 그리스도의 유일성에 대한 도전

주제 색인 220
성경 색인 230

개요

1. 우리에게는 들려줄 이야기가 있습니다
  : 십자가에 못 박힌 그리스도

  복음의 안티테제
  　　표적을 구하는 유대인의 비합리적 회의주의
  　　지혜를 구하는 헬라인의 회피적 지성주의
  　　우리는 십자가에 못 박힌 그리스도를 전합니다
  오늘날 복음의 안티테제
  　　지성인은 지혜를 구합니다
  　　자유주의자는 필요를 구합니다
  복음 이야기
  　　우리에게는 들려줄 이야기가 있습니다
  　　이야기의 핵심
  　　많은 가닥이 있는 이야기
  　　　　하나님 나라 이야기
  　　　　하나님의 백성 이야기
  　　　　하나님의 중보 이야기
  　　　　하나님의 승리 이야기
  　　　　하나님 아버지께서 아들을 영화롭게 하시는 이야기
  　　　　하나님의 형상 이야기

2. 사람이신 예수: 그리스도의 인성에 대한 도전

  예수님은 어떤 사람입니까?
  1. 복음서의 성격
  2. 신약성경의 예수님
  　　a. 예수는 메시아다
  　　b. 예수는 하나님의 아들이다

c. 예수는 아버지께 가는 유일한 길이다
   d. 예수는 유일한 소망이다
 3. 현대 인본주의가 보는 예수
   성경: 신뢰성과 재구성
   예수: 사람인가 신화인가?
   신약성경: 사실인가 허구인가?
 4. 예수: 아들이자 구주

3. 자신을 비우신 예수: 그리스도의 신성에 대한 도전

이야기: 십자가에 못 박힌 그리스도
구주: 그리스도 예수, 하나님이자 사람
억측
   예수 그리스도는 누구신가?: 영원하신 하나님
   예수 그리스도는 누구신가?: 고난 받는 종
   예수 그리스도는 누구신가?: 성육신하신 아들
이론
   케노시스 이론이란 무엇인가?
   왜 사람들이 케노시스 이론을 생각하는가?
   케노시스 이론은 성경적인가?
   케노시스 이론이 필요한가?
      신적 전지는 어떻게 되었는가?
      삼위일체는 어떻게 되었는가?
      그리스도의 두 본성은 어떻게 되었는가?
      그리스도께서 하늘로 돌아가셨을 때 어떻게 되었는가?
      더 나은 설명이 있는가?
하나님의 신비
하나님의 사랑

4. 놀라운 교환: 그리스도의 사역에 대한 도전

놀라운 교환
  첫째 단계: 대속
  둘째 단계: 화해
어리석음이나 미친 짓이나 그 무엇으로든
십자가의 여러 범주
  희생
  속전
  구속
  화목제물
  대속
  만족
형벌 만족은 성경적인가?
  구약성경에 나타난 형벌 대속
  대속적 의
  육신의 눈과 믿음의 눈
  법정적 의
형벌 대속의 의미
  1. 대속의 정의
  2. 대속의 성격
    통찰 1: 하나님에 관해
    통찰 2: 우리 자신에 관해
    통찰 3: 예수님에 관해
    통찰 4: 죄책에 관해
  3. 대속의 연대
  4. 대속의 근원
  5. 대속의 열매

5. 다른 이름은 없습니다: 그리스도의 유일성에 대한 도전

　신학적 진리
　　　십자가의 목적
　　　십자가에 못 박힌 분
　　　십자가 사건
　　　십자가의 진리
　　　십자가의 증인들
　　　십자가 전하기
　　　십자가의 주장
　　　십자가의 필요성
　신학적 억측들
　　　다원주의: 모든 종교에 구원이 있다
　　　로마가톨릭: 익명의 그리스도인이 구원받을 것이다
　　　만인구원론: 모두 구원받을 것이다
　　　　　1. 만인구원론과 인간의 결정
　　　　　2. 만인구원론과 복음 전파
　　　　　3. 만인구원론과 그리스도인의 양심
　멸망하는 세상
　주권적 하나님
　긴급한 부르심

발행인 서문 Proclaiming Christ in a Pluralistic Age

제임스 패커의 삶과 유산

제임스 패커(1926-2020)는 평생 성공회 신자였으며, 인생의 전반기를 영국에서 보냈고 후반기를 캐나다에서 보냈으나 미국에서 가장 인기 있었다. 그는 신학의 대중화에 가장 크게 기여한 20세기 인물 중 하나로 널리 꼽힌다.[1]

제임스 인넬 패커(James Innell Packer)는 1926년 7월 22일 영국 글로스터셔 북쪽에 자리한 트위닝이란 마을에서 제임스 패커와 도로시 패커 부부의 맏아들로 태어났다. 하나뿐인 동생 마가렛 패커는 1929년에 태어났다. 패커 가족은 중하층에 속했고 이름뿐인 성공회 신자였으며 집에서 가까운 성 캐더린 교회에

---

[1] 이 서문의 일부는 Justin Taylor, "J. I. Packer (1926-2020)," TGC, July 17, 2020, https://www.thegospelcoalition.org를 발췌한 것이다. 패커의 전기와 그에 관한 연구는 특히 다음을 보라. Alister McGrath, *J. I. Packer: His Life and Thought* (Downers Grove, IL: InterVarsity, 2020); Leland Ryken, *J. I. Packer: An Evangelical Life* (Wheaton, IL: Crossway, 2015); Sam Storms, *Packer on the Christian Life: Knowing God in Christ, Walking by the Spirit* (Wheaton, IL: Crossway, 2015); Timothy George, ed., *J. I. Packer and the Evangelical Future: The Impact of His Life and Thought* (Grand Rapids, MI: Baker Academic, 2009); Don J. Payne, *The Theology of the Christian Life in J. I. Packer's Thought* (Eugene, OR: Wipf and Stock, 2006).

꼬박꼬박 출석했으나 하나님에 관해서는 한마디도 하지 않았고 식사 기도를 하는 법도 없었다.

1933년 9월, 일곱 살 패커는 같은 학교 아이의 괴롭힘을 피해 큰 길로 뛰어나갔다가 교통사고를 당해 크게 다쳤다. 그는 뇌수술을 하고 3주 동안 입원한 후에도 6개월간 학교를 쉬면서 집에서 요양했다. 그는 오른쪽 전두골에 복합 골절상을 입었는데, 훗날 그는 농담처럼 자신의 머리를 가리켜 숟가락으로 한쪽 끝을 살짝 깨뜨린 달걀 같다고 했다. 당시 그 지역 병원의 노련한 외과의사가 깨진 뼈 조각들을 제거하는 수술을 했는데, 의사는 상처 부위를 보호하기 위해 검은 알루미늄 판을 덮은 다음 신축성 있는 밴드로 고정하도록 했다. 패커에게는 그 어떤 운동도 허락되지 않았으며, 이미 외톨이였던 아이는 독서와 글쓰기 같은 활동에 더욱 몰두했다. 그렇게 8년 동안 보호판을 착용하다가, 15세가 되자 그는 다시는 보호판을 착용하지 않겠다고 했다.

1937년 열한 번째 생일날 아침, 패커는 자전거 선물을 기대하며 잠에서 깼다. 자전거는 영국 소년들이 그 나이에 의례히 받는 선물이었다. 패커는 자전거를 생일 선물로 받고 싶다고 미리 암시를 주었다. 그런데 부모님은 자전거 대신 상태가 아주 좋고 묵직한 올리버 중고 타자기를 선물했다. 패커의 전기를 쓴 알리스터 맥그래스(Alister McGrath)는 그 선물이 어떤 의미를 갖는지 다음과 같이 말했다. "패커가 원했던 선물은 아니었지만, 곧 그에게 꼭 필요한 선물로 드러났다 … 이 최고의 선물은 소년 시절 그의 가장 소중한 보물이었다."[2]

1937년 가을, 패커는 초등학교에서 크립트 스쿨(Crypt School; 글리스터에 위치한 전통적인 문법학교-역주)로 옮겼다. 이 학교 출신 중에는 18세기 설교자요 복음전도자인 조지 휫필드(George Whitefield)가 있다. 패커는 반에서 '고전'을 전공하는 유일한 학생이었다.

패커는 가족이 다니는 성 캐더린 교회에서 14세에 견진성사를 받았으나 회심이나 구원하는 믿음에 관해서는 전혀 들어본 적이 없었다.

18세에 패커는 옥스퍼드 대학(Oxford University)에 장학생으로 들어가 코퍼스 크리스티 칼리지(Corpus Christi College)에서 고전을 공부했다. 행동이 어색하고 부끄러움 많은 이 '지적 괴짜'(그 자신의 표현이다)는 여행 가방 하나 달랑 들고 옥스퍼드에 왔다. 그의 아버지는 그레이트 웨스턴 철도의 직원이었는데 아들에게 학교까지 가는 공짜 기차표를 구해 줄 수 있었다.

---

[2] McGrath, *J. I. Packer*, 6.

3주 후, 1944년 10월 22일, 패커는 성 알데이트 교회의 주일 저녁 예배에 참석해 복음을 들었다. 설교자는 연로한 성공회 사제였다. 성경 강해 부분은 따분했다. 그런데 후반부에서 사제가 어릴 때 캠프에 참석했다가 자신이 정말로 그리스도인인지 생각하게 되었다는 이야기를 들려주었다. 패커는 거기서 자신의 모습을 발견하고는 자신이 그리스도를 알지 못한다는 사실을 깨달았다. 설교가 끝나고, 사제는 회중에게 믿음으로 나아오기를 초청했다. 이 시간은 샬롯 엘리엇(Charlotte Elliott)이 1835년에 쓴 "큰 죄에 빠진 날 위해"(Just as I am)라는 찬송으로 마무리되었는데, 이때 패커는 예수 그리스도를 자신의 죄를 위해 돌아가신 구주와 자기 삶의 주님으로 믿었다. 휫필드가 1735년 회심했던 곳이 바로 지척이었다.

같은 해인 1944년, 은퇴 후 시력을 잃어가는 한 성공회 사제가 큰 서재를 채웠던 수많은 책을 통째로 옥스퍼드 기독학생연합(Oxford InterCollegiate Christian Union, OICCU)에 기부했다. OICCU 리더들은 이 책을 지하실에 보관하고는 책벌레였던 패커에게 17-18세기 고전들을 비롯해 이 책들을 분류해서 정리해 보고 싶은지 물었다.

패커는 곧 17세기 청교도 존 오웬(John Owen)의 뜯지도 않은 저작 세트를 발견했는데, 그중에서 특히 유혹과 죄에 관한 책에 흥미를 느껴 그 내용을 탐독했다. 수년 후, 그는 이렇게 썼다. "내 생각에, 나는 고대와 현대를 막론하고 그 어느 신학자보다 존 오웬에게 더 많이 빚졌으며, 확신컨대 그가 쓴 그 어떤 저작보다 죄 죽임에 관한 얇은 책에 더 많이 빚졌다."[3] 패커는 이 청교도를 경건한 목회자요 학자의 모델로 삼았다. 사실, 패커는 사람들이 자신을 현대판 청교도로, 다시 말해 "대서양 양쪽에 살았던 위대한 17세기 지도자들처럼 학자 역할, 설교자 역할, 목회자 역할을 자신 안에 통합하고 이런 목적에서 말씀을 전하는 사람"으로 생각해 주길 바랐다.[4]

패커는 1948년 옥스퍼드 코퍼스 크리스티 칼리지에서 학사 학위를 받은 후, 런던의 오크힐 신학교(Oak Hill Theological College)에서 (몇몇 철학을 비롯해) 헬라어와 라틴어 강사로 첫발을 내딛었다. 이후 3년간 옥스퍼드 위클리프 홀(Wycliffe Hall)에서 서품을 위한 공부를 했으며 그 후에 박사 과정을 밟았다. 1952년에 성공회 부제(deacon)로 서품을 받았으며, 뒤이어 1953년에 버밍엄 대성당에서 사제 서품을 받았다.

---

[3] J. I. Packer, "Introduction," *Puritan Portraits* (Fearn, Ross-shire, UK: Christian Focus, 2012), 1.

[4] J. I. Packer, "Inerrancy and the Divinity and Humanity of the Bible," in *Honouring the Written Word of God: The Collected Shorter Writings of J. I. Packer*, vol. 3 (Vancouver: Regent College Publishing, 2008), 162.

1952년부터 1954년까지, 그는 버밍엄 교외 지역인 하본에 자리한 성 요한 교회에서 보좌사제(curate, 보좌신부)로 섬겼으며, 그 사이에 옥스퍼드 대학에서 청교도 리처드 백스터(Richard Baxter)를 다룬 400쪽짜리 박사 논문을 마무리했고, 1954년에 석사학위와 박사학위를 받았다.

1954년 7월 17일, 패커는 키트 뮬렛과 결혼했다. 키트 뮬렛은 웨일즈 출신의 간호사였는데, 패커는 1952년 늦은 봄에 서리 지역에서 강연을 마친 후 그녀를 처음 만났다. 두 사람은 루스, 나오미, 마틴을 입양했다.

패커 가족은 1955년 브리스톨로 이사했고, 거기서 패커는 틴데일 홀(Tyndale Hall)에서 강사로 일했다. 1961년, 패커 가족은 다시 옥스퍼드로 이사했고, 거기서 패커는 이후 9년 동안 사서로 일했으며 뒤이어 라티머 하우스(Latimer House)의 책임자로 일했다. 라티머 하우스는 패커와 존 스토트(John Stott)가 영국 성공회 신학을 강화하려고 세운 복음주의 연구소다.

1970년, 패커는 틴데일 홀에 학장으로 돌아갔다. 이듬해 틴데일 홀은 브리스톨에 문을 연 트리니티 칼리지(Trinity College)로 통합되었는데, 알렉 모티어(Alec Motyer)가 학장이 되었고 패커가 부학장이 되었다. 이로써 패커는 글을 쓸 시간이 조금 더 많아졌다.

1970년대 초, 패커는 자신이 1960년대에 「복음주의 매거진」(*Evangelical Magazine*)에 기고했던 글을 책으로 내려고 IVP와 만났다. IVP 발행인은 패커가 대영제국을 휩쓰는 은사주의 문제에 관해 먼저 쓴 후 그 책을 내면 어떻겠느냐고 답했다. 그래서 패커는 원고를 들고 호더 앤 스토튼 출판사(Hodder & Stoughton)를 찾아갔고, 거기서 흔쾌히 출판하겠다는 답을 얻었다. 이 책은 1973년에 『하나님을 아는 지식』(*Knowing God*)이란 제목으로 출판되었는데, 패커는 다른 어떤 저작보다 이 책을 통해 국제적 명성을 얻었다. 그는 이렇게 썼다. "이 책의 이면에 있는 확신은 오늘날 교회가 겪는 숱한 연약함의 뿌리에는 … 하나님에 대한 무지가 자리 잡고 있다는 것이다."[5]

1977년 2월, 패커는 캘리포니아 마운트허몬에서 열릴 성경의 권위에 관한 컨퍼런스를 위해 R. C. 스프로울(Sproul), 존 거스트너(John Gerstner), 노먼 가이슬러(Norman Geisler), 그렉 반센(Greg Bahnsen)을 만났다. 그해 말, 국제성경무오협회(International Council on Biblical Inerrancy)가 설립되었고, 이 협회는 1978년 성경무오성에 관한 시카고 선언을 발표했는데, 대표 작성자는 스프로울이었다.

---

5) J. I. Packer, *Knowing God* (Wheaton, IL: Crossway, 2023), xiv. 『하나님을 아는 지식』, 정옥배 옮김(IVP, 2008).

1979년, 옥스퍼드 학부 시절부터 패커와 친구였던 제임스 휴스턴(James Houston)이 밴쿠버에 있는 리젠트 칼리지(Regent Clollege) 교수로 와 달라며 그를 초청했다. 패커는 마침내 이 자리를 수락했고, 행정 업무 없이 학생들을 가르치는 일만 맡았다. 그는 이 대학에서 죽을 때까지 직을 유지했으며, 1966년 전임에서 물러난 후에는 파트타임으로 가르쳤다.

1990년대 말, 패커는 크로스웨이(Crossway) 회장이자 최고경영자 레인 데니스(Lane Dennis)의 제안을 수락해, 역사적으로 KJB(King James Bible)의 계보를 잇는 영어 번역 성경 RSV(Revised Standard Version)의 개정판인 ESV(English Standard Version)의 책임편집자를 맡았다. ESV는 2001년에 출판되었는데, 패커는 이 성경 번역에 참여했던 몇 해를 이렇게 회상했다. "이것이 내가 하나님 나라를 위해 했던 가장 중요한 일이 아니었을까 하는 생각이 아주 강하게 든다."[6]

패커의 '최후의 성전'(last crusade)은 교회가 교리교육, 곧 기독교 신앙교육을 회복하도록 돕는 것이었다. 이 일은 북미성공회(Anglican Church in North America, ACNA) 교리문답서 『그리스도인이 된다는 것』(To Be a Christian)에서 절정에 이르렀다.

---

[6] 크로스웨이가 2006년에 주최한 "the International Christian Retail Show"에서 제임스 패커가 했던 말이다.

패커는 때때로 자신의 신학과 사역을 논평하는 사람들이 자신의 삶에 담긴 해학과 반짝이는 눈망울을, 자신의 인간적인 면을 놓친 게 아닐까 하는 생각이 들었다. 그는 머리만 있는 샌님이나 신학 개념이나 읊어대는 사람으로 묘사되길 원치 않았다. 그의 오랜 친구 티머시 조지(Timothy George)는 행동하는 사람을 지켜보는 게 무엇인지 이렇게 묘사했다.

> 그는 미소를 숨길 줄 모르고, 그가 웃으면 가장 우울한 만남까지도 환해진다. 사람을 비롯해 사람과 관련된 모든 것을 향한 그의 사랑은 환히 빛난다. 어떤 개념과 이를 표현하는 가장 알맞은 말을 찾아내는 그의 능력은 비할 데 없다. 그는 온갖 거짓을 참지 못하며, 성도의 성품과 영성이 그의 내면 깊이 흐른다.[7]

2015년, 크로스웨이는 패커에 관한 짧은 다큐멘터리를 제작하면서 그에게 마지막 질문을 했다. 죽은 후에 어떤 사람으로 기억되길 원하느냐는 것이었다. 패커는 여느 질문에 답하기 전에 그러듯 잠시 멈춰 심호흡을 하고 답했다.

---

7) Timothy George, "Introduction," *J. I. Packer and the Evangelical Future: The Impact of His Life and Thought*, ed. Timothy George(Grand Rapids, MI: Baker Academic, 2009), 11.

지금껏 살아온 삶을 되돌아보니, 소리로 기억되고 싶네요. 성경의 권위에 집중하고, 우리 주 예수 그리스도의 능력에 집중하며, 그분의 대속적 희생과 우리 죄를 사하신 속죄에 집중했던 소리로 기억되고 싶습니다.

그리스도인들에게 거룩을 회복하라고, 그리스도인의 도덕 기준을 회복하라고 외친 소리로 기억되고 싶습니다.

논쟁에서 늘 정중했으나 타협하지 않았던 사람으로 기억되면 좋겠습니다.

지금까지 저를 인도하신 하나님께 감사드립니다. 바라건대, 여러분도 그분이 여러분 앞에 두신 일을 할 때 저처럼 그분의 분명한 인도하심과 도우심을 누리길 기도합니다. 그리스도인의 삶을 살아가는 여러분의 기쁨이 저의 기쁨과 일치한다면, 여러분은 참으로 복을 받을 것입니다.[8]

제임스 패커는 2020년 7월 17일 밴쿠버 자택에서 93세에 주님의 품에 안겼다.

---

8) "J. I. Packer: In His Own Words," Crossway Articles, July 18, 2020, https://www.crossway.org.

이 책은 그의 유고이다

조지아주에 있는 메디슨 침례교회의 목사 그리핀 굴리지(Griffin Gulledge)가 2020년, 자신의 블로그에 패커가 1978년 호주 시드니에 있는 무어 신학대학에서 강연하는 흑백 영상 다섯 편을 올렸다.[9] 크로스웨이가 이 강연을 활자로 옮겼고 프리랜서 편집자 캐럴리 레인키(Karalee Reinke)가 이 원고를 처음 편집했다.

이 자료의 유래를 좀 더 조사해 보니, 패커는 이 강연을 미시간주 그랜드래피즈에 자리한 리폼드 성경신학교(Reformed Bible College, 지금의 Kuyper College)에서 처음 했고, 가볍게 수정되어 무어 신학대학에서 다시 한 것으로 밝혀졌다. 패커는 이 강연을 책으로 출판하기 원했으나 안타깝게도 책으로 나오지 못했다.

이 강연의 몇몇 섹션은 (해당 각주에서 밝힌 대로) 이전에 출판된 기고글에서, 특히 1972년 4월 달라스 신학교(Dallas Theological Seminary)에서 열린 그리피스 토마스 기념 강연(W. H. Griffith Thomas Memorial Lectures)의 일환으로 했던 강연 하나와, 1973년 7월 케임브리지에 있는 틴데일 하우스(Tyndale House)에서 '형벌

---

[9] Griffin Gulledge, "J. I. Packer's 1978 Moore College Lectures," Contra Mundum, https://griffingulledge.com.

대속'(penal substitution)의 논리에 관해 했던 강연을 목적에 맞게 수정한 것이다. 관계 기관의 따뜻한 협조에 감사드린다.

이 책에 실린 강연은 영원 전에 시작되어 그리스도의 위격과 사역이 드러난 갈보리 십자가에서 절정에 이른다. 그리고 이어서 좋은 소식을 우리 시대에 적용하는 하나의 내러티브로 구성한다.

첫째 강연에서 패커는 유대인은 표적을 구하고 헬라인은 지혜를 구하지만 (그리고 오늘날 지성인은 지혜를 구하고 자유주의자는 필요를 구하지만) 우리에게는 세상에 들려줄 다르고 더 좋은 이야기, 십자가에 못 박히고 다시 살아나신 그리스도가 있다고 말한다. 여러 가닥(하나님 나라, 하나님의 백성, 하나님의 중보, 하나님의 승리, 하나님의 아들, 하나님의 형상)으로 구성된 이 이야기는 오늘날 모두가 듣도록 선포되어야 하는 참된 이야기다.

둘째 강연에서 패커는 하나님의 아들이요 아버지께 이르는 유일한 길이며 따라서 우리의 유일한 소망이신 메시아 예수의 인성(humanity)을 들여다본다. 패커는 1970년대를 휩쓴 예수님에 관한 현대 인본주의 시각들을 기술하고 논박한다.

셋째 강연에서 패커는 그리스도의 인성에서 눈을 돌려 영원한 하나님이요 고난 받은 종이며 성육한 아들이신 그리스도의 신성(divinity)에 초점을 맞춘다. 그리스도께서 자신의 속성들을 비우셨다는 '케노시스 이론'(kenosis theory)을 살펴보고 이 이론이 부족함을 알고는 성경의 모든 증거를 고려하려는 자신만의 이해를 제시한다.

넷째 강연에서는 그리스도의 위격(person)에서 그리스도의 사역(work)으로 초점을 옮겨 그 놀라운 교환을 기뻐한다. 패커는 십자가의 다양한 범주, 곧 희생, 속전, 구속, 화목을 훑어본 후 대속과 만족이란 범주를 더 깊이 파고든다.

마지막으로 다섯째 강연에서는 그리스도의 유일성(uniqueness)을 살핀다. 모든 강연에서 그러듯이 패커는 먼저 신학적 진리를 제시한다. 십자가를 목적, 사람, 사건, 진리, 증인, 전파, 주장, 필요라는 각도에서 살핀 후, 그리스도의 유일성에 대한 세 도전, 다원주의(pluralism, 모든 종교에 구원이 있다), 로마가톨릭(익명의 그리스도인이 구원을 받을 것이다), 만인구원론(universalism, 모든 사람이 구원을 받을 것이다)에 대한 통찰을 제시한다.

이 강연에서 전형적인 패커가 드러난다. 사도 바울과 더불어 패커는 십자가를 기뻐하고, 오직 십자가를 자랑하며, 십자가를 선포하는 일이 어느 시대든, 특히 우리의 다원주의 시대에 필수라고 확신한다. 이 강연은 45년 전에 했던 것으로 그 시대의 표식을 담고 있지만 그 메시지는 어느 시대라도 적합하다. 우리는 이 강연을 활자화된 산문에 맞도록 부드럽게 다듬을 뿐 아니라, 소제목과 인용 출처를 덧붙이는 선에서 되도록 손을 덜 대는 쪽으로 편집하려 애썼다. 우리가 이 강연을 심하게 편집하지 않은 것은 강연 본래의 풍미가 사라지지 않게 하기 위해서다.

강의실에서, 교회에서, 저술을 통해 거의 70년을 공적으로 사역하면서 패커는 삼위일체 하나님을 아는 것과 그분께 기도하는 것과 그분과 교제하는 것이 중요하다고 강조했다. 그는 성령으로 행하고, 내주하는 죄에 맞서 싸움으로써 거룩을 회복하고 진심으로 회개하라고 교회를 향해 촉구했다. 그는 성경의 권위를 변호했고 제자를 양육하는 교리 교육을 주창했다. 그리고 여러 세대에게 자신이 사랑하는 청교도 선조들을 다시 소개했으며, 이들을 기독교 신앙의 거목으로 여겼다.

패커는 자신을 "사람들에게 진리와 지혜의 옛 길로 돌아오라고 외치는 소리"로 보았다. 그는 "더 새로운 것이 더 참되고 최신 것이 더 좋으며 모든 변화는 한 걸음 전진하는 것이고 모든 최신 단어는 그 주제에 관한 마지막 단어로 환영받아야 한다"는 생각에 맞서는 데 평생을 바쳤다.[10]

---

10) J. I. Packer, "Is Systematic Theology a Mirage? An Introductory Discussion," in *Doing Theology in Today's World: Essays in Honor of Kenneth S. Kantzer*, ed. John D. Woodbridge and Thomas Edward McComiskey (Grand Rapids, MI: Zondervan, 1991), 21.

당시의 논쟁들을 기꺼이 다루고 또 그 논쟁들에 기꺼이 참여한 패커는 이렇게 썼다. "나는 목초지를 가리켰던 사람으로 기억되고 싶습니다." 여러분이 세상의 구주이신 선한 목자와 함께 걸을 때, 이 책에 실린 강연이 여러분에게 그 목초지를 가리켜 주길 바란다.

Proclaiming Christ in a Pluralistic Age

01
우리에게는 들려줄 이야기가 있습니다

십자가에 못 박힌 그리스도

복음의 안티테제

바울은 고린도 신자에게 복음을 이렇게 제시합니다.

"우리는 십자가에 못 박힌 그리스도를 전하니 유대인에게는 거리끼는 것[스칸달론, *skandalon*]이요 이방인에게는 미련한 것[모리아, *mória*]이로되 오직 부르심을 받은 자들에게는 유대인이나 헬라인이나 그리스도는 하나님의 능력이요 하나님의 지혜니라"(고전 1:23-24).

그러면서 바울은 복음을 다음과 같은 1세기 지적 오만의 두 가지 형태와 반대되는 안티테제로 제시합니다.

"유대인은 표적을 구하고 헬라인은 지혜를 찾으나"(고전 1:22).

그들의 오만은 두 가지 태도에서 드러나는데, 먼저는 이들이 복음에 관해 묻는 '질문'에서 드러나고, 다음으로는 이들이 복음에 보이는 '반응'에서 드러납니다. 이들의 질문과 반응으로 이들을 알 수 있습니다.

표적을 구하는 유대인의 비합리적 회의주의

첫째는 유대인의 태도입니다. 바울은 유대인이 표적을 구한다고 말합니다. 무슨 뜻입니까? 유대인은 증거 너머로 한 발짝도 내딛지 않으려는 냉철한 현실주의자였다는 뜻입니까? 아닙니다. 이런 뜻이 아닙니다. 유대인이 스스로를 비합리적 회의주의자로 보았다는 뜻입니다. 유대인이 당시에 구했던 표적은 기적과 마법 같은 형태의 증거였습니다.

우리 주 예수 그리스도께서 광야에서 받으신 두 번째 유혹은 그런 기적과 마법을 행하라는 것이었습니다. 마귀가 어떻게 말하며 주님을 시험했는지 기억하십니까? "성전 꼭대기에서 뛰어 내려 바닥에 사뿐히 내려앉으면 사람들이 열광할 것이다"(참조. 마 4:5-6). 이것이 유혹의 본질이었습니다. 예수님은 이렇게 하길 거부하셨습니다. 예수님은 기적을 행함으로써 지지자와 추종자를 모으셨던 것이 아닙니다. 그래서 성경은 이렇게 말합니다. "바리새인들이 나와서 예수를 힐난하며 그를 시험하여 하늘로부터 오는 표적을 구하거늘 예수께서 마음속으로 깊이 탄식하시며 이르시되 어찌하여 이 세대가 표적을 구하느냐 내가 진실로 너희에게 이르노니 이 세대에 표적을 주지 아니하리라 하시고 그들을 떠나…"(막 8:11-13).

이러한 요구는 사실상 관심의 탈을 쓴 회의주의입니다. 기본적으로 믿지 않겠다는 태도입니다. 이들이 요구하는 것이 무엇입니까? 표적이 이미 넘치도록 주어진 상황에서 또다시 기적과 마법을 요구하는 것은 오만방자한 짓입니다. 우리는 이를 알아야 합니다. 우리 주 예수 그리스도의 사역에서, 그분의 사역을 지켜본 사람들이 보았고 바울이 고린도 신자들을 비롯해 많은 사람에게 말했듯이, 표적이 이미 넘치도록 주어졌습니다.

마태복음 11장 첫머리에서, 감옥에 갇힌 채 실의에 빠져 있는 세례 요한이 주 예수께 사람들을 보내 무엇이라 물었는지 기억하십니까? 요한은 이렇게 물었습니다. "오실 그이가 당신이오니이까 우리가 다른 이를 기다리오리이까"(마 11:3).

세례 요한은 예수님이 하고 계셨던 어떤 일에, 어쩌면 예수님이 아직 하시지 않은 어떤 일에 훨씬 더 많이 놀랐습니다. 오실 메시아를 선포하라며 하나님이 그에게 촉구하신 방식을 토대로, 요한은 예수님의 사역이 시작되자마자 심판, 곧 동족의 삶에 충격적인 영향을 미칠 일을 비롯해 엄청난 일들이 일어나리라고 생각했습니다.

그러나 예수님은 그런 방식으로 사역하지 않으셨습니다. 그래서 세례 요한은 사람을 보내 물었습니다. 오신다는 그분이 당신입니까? 당신이 "손에 키를 들고 자신의 타작 마당을 정하게 하실" 분입니까(마 3:12), 아니면 우리가 다른 분을 기다려야 합니까?

요한의 질문에 예수님이 어떻게 답하셨는지 기억합니까? 예수님은 요한의 제자들에게 이렇게 말씀하셨습니다. "너희가 가서 듣고 보는 것을 요한에게 알리되 맹인이 보며 못 걷는 사람이 걸으며 나병환자가 깨끗함을 받으며 못 듣는 자가 들으며 죽은 자가 살아나며 가난한 자에게 복음이 전파된다 하라"(마 11:4-5). 요한에게 돌아가 이런 일들이 일어나고 있다고 말하고 "누구든지 나로 말미암아 **실족하지**(offended)", 즉 나에게 걸려 넘어지지 "아니하는 자는 복이 있도다"라고 전하라고 하셨습니다(6절). '실족하지'(offended)와 '스칸달론'(*skandalon*)은 어근이 같습니다. 예수님의 말씀은 이런 뜻입니다. "내게 걸려 넘어지지 않는 자는 복이 있다. 나의 사역에서 주어지는 표적들의 의미를 분별하고 내가 이런 기대를 충족하는 문제에 관해 나를 신뢰할 준비가 되어 있는 자는 복이 있다."

그런데 이미 주어진 이 표적들은 모두 결정적이었습니다. 이사야가 오래전에 했던 예언이 지금 예수님에게서 성취되고 있었습니다. 예수님은 요한이 이를 바로 깨닫기 원하셨습니다. 우리는 이사야의 예언을 잘 압니다. 이사야서 35장에 나오는데, 헨델은 "메시아"(Messiah)에서 이 예언에 잊지 못할 곡조를 붙였습니다. "그 때에 맹인의 눈이 밝을 것이며 못 듣는 사람의 귀가 열릴 것이며 그 때에 저는 자는 사슴 같이 뛸 것이며 말 못하는 자의 혀는 노래하리니 이는 광야에서 물이 솟겠고 사막에서 시내가 흐를 것임이라"(사 35:5-6). 하나님이 그분의 백성을 찾아와 복 주시는 날에 이렇게 될 것입니다.

그렇습니다. 표적들이 이미 주어졌습니다. 그런데 표적이 하나 더 주어질 터였습니다. 예수님은 마태복음 16장 첫머리에서 이것을 언급하시는데, 거기서 또다시 표적을 요구받으십니다. "바리새인과 사두개인들이 와서 예수를 시험하여 하늘로부터 오는 표적 보이기를 청하니 예수께서 대답하여 이르시되 … 악하고 음란한 세대가 표적을 구하나 요나의 표적 밖에는 보여 줄 표적이 없느니라 하시고"(마 16:1-2, 4). 다른 곳에서, 예수님은 이 말씀을 이렇게 해석하셨습니다. "요나가 밤낮 사흘 동안 큰 물고기 뱃속에 있었던 것 같이 인자도 밤낮 사흘 동안 땅 속에 있으리라"(마 12:40). 이것으로 끝이 아닙니다. 예수님은 그 후에 다시 살아나십니다.

부활의 표적은, 예수님이 3년 동안 갈릴리에서 사역하며 베푸신 자비와 기적 같은 치유에서 비롯된 증언을 뒷받침하기 위해 주어졌습니다. 표적은 이미 주어졌습니다. 이것이 우리가 파악해야 할 핵심입니다.

그러나 이야기를 들은 유대인은 여전히 표적을 구했습니다. 이들은 이미 주어진 표적들을 받아들이려 하지 않았습니다. 그들이 요구해서 받은 표적이 아니었기 때문입니다. 유대인은 결정권을, 언제 어떤 표적이 주어져야 하는지 명시할 결정권을 요구했다고 말할 수 있습니다. 유대인은 이를테면 하나님이 그들의 장단에 맞춰 춤추시게 하고 싶었습니다. 이것은 뻔뻔스러운 회의주의입니다. 이것은 노골적인 불신앙의 표현입니다. 이런 상황에서 '믿을 수 없다'는 말은 '믿지 않겠다'는 뜻입니다.

유대인은 비합리적으로 표적을 요구했습니다. 많은 표적이 이미 주어졌는데도 이 표적들을 무시했습니다. 예수님은 부자와 나사로 이야기의 끝에서 "모세와 선지자들에게 듣지 아니하면 비록 죽은 자 가운데서 살아나는 자가 있을지라도 권함을 받지 아니하리라"고 말씀하시며 이들의 노골적 불신앙을, 확고한 회의주의를 지적하셨습니다(눅 16:31). 이에 관해서는 제가 그 어떤 설명도 덧붙일 필요가 없을 것 같습니다.

지혜를 구하는 헬라인의 회피적 지성주의

바울은 뒤이어 헬라인은 지혜를 구한다고 말합니다. 무슨 뜻입니까? 지혜를 추구하는 것은 대단하고 우월한 지성의 표식입니까? 의심할 여지 없이, 헬라인은 그렇다고 주장했을 것입니다. 이들은 스스로를 대단하고 우월한 지성의 소유자로 여겼기 때문입니다. 그러나 우리는 "아니오"라고 말해야 합니다. 지혜를 구한다는 말은 이런 뜻이 아닙니다. 그들의 태도는 오히려 회피적 지성주의(evasive intellectualism)의 표식이며, 지혜를 구한다는 것은 이와 사뭇 다릅니다.

이들이 바울에게 요구한 지혜는 무엇입니까? 이들이 구한 지혜는 이들에게 익숙했고 이들이 관심을 두었던 소통의 한 형태였습니다. 바울은 여기서 두 가지를 염두에 두었을 것입니다.

어떤 사람들은 세상과 삶과 사물에 대한 철학적 추측(philosophical speculations), 대담한 이성의 비행(flight)에 근거한 추측을 구했습니다. 어떤 사람들은 의심할 여지 없이 일종의 '그노시스'(*gnosis*), 곧 신비 종교들이 제시하는 내면적 지식을 구했습니다. 주후 1세기에, 이것도 흔히 지혜라 불렸습니다. 이러한 지혜는 초자연적 능력을 주는 신비 종교의 비밀 지식(secrets)으로, 곧 영적 신비로 여겨지는 온갖 것을 추종자에게 알려 주고 따라서 이들로 자신이 영적 엘리트에 속한다고 느끼게 해 주는 비밀 지식으로 이루어졌습니다.

이것이 헬라인이 바울에게 요구한 지혜의 두 형태였습니다. 우리는 유대인과 헬라인에 대해 어떻게 말해야 할까요? 바울이 기술한 대로, 이들은 잘 알려져 있고 친숙한 두 부류입니다. 지금도 죽지 않고 팔팔하게 살아 있는 태도입니다.

"나는 과학적 사실을 원해요. 과학적 증거가 있으면 믿을 거예요!"라고 말하는 사람을 만나 보았을 것입니다. 이런 사람은 무엇이 과학적 증거이고 아닌지를 결정할 권리가 자신에게 있다고 믿습니다. 이런 사람은 유대인의 영적 계승자입니다.

마찬가지로, 이렇게 말하는 사람도 만나 보았을 것입니다. "나는 이성적인 사람이에요. 이성의 인도를 받아요. 이성의 진리를 따라 움직여요. 당신이 내게 뭐라고 하든 간에 이성의 진리를 내게 제시해야 해요. 그러지 않으면 나는 당신의 말을 진지하게 받아들이지 않을 테고 당신도 내게서 그걸 기대할 수 없어요." 이런 사람은 헬라인의 영적 후손입니다.

우리는 십자가에 못 박힌 그리스도를 전합니다

유대인도 헬라인도 하나님이 계시로 주시는 것을 받아들이려 하지 않았습니다. 복음은 늘 문제를 일으켰는데, 바울은 복음을 전하러 다니며 끊임없이 이 문제를 마주해야 했습니다. 그가 "십자가의 도"(고전 1:18)를 선포하며 다녔기 때문입니다. 그는 "십자가에 못 박힌 그리스도"를 전했습니다(23절).

이는 누가 하더라도 깜짝 놀랄 말이 분명했습니다. 이 그리스도(칭호이며, 장로교인의 표현으로 역할 칭호)는 하나님이 기름 부으신 세상의 통치자, 바울이 고린도전서 1장 1-10절에서 여섯 번이나 "주 예수 그리스도"라고 했던 분이 아닙니까?

- 예수: 인명(人名, personal name)
- 그리스도: 역할 칭호(office title)
- 주(Lord): 고대 세계에서 예배를 받아 마땅한 사람에게 주어진 지위 칭호(standard title)

바울은 우리가 전하는 그리스도는 십자가에 못 박힌 그리스도라고 말합니다. 즉 우리는 그리스도께서 범법자로서 처형되셨다고 선포하는 것입니다. 고대 세계에서는 범법자만 십자가에 못 박혔고 사형은 중범죄와 반란에만 적용되었습니다.

우리는 이 메시지가 얼마나 역설적이고 놀랍게 들릴지 알 수 있습니다. 바울이 설명했듯이, 우리는 이것이 얼마나 우리를 겸손하게 하는 메시지인지도 알 수 있습니다. 만일 바울에게 하나님이 기름 부어 세우신 세상의 통치자 그리스도께서 십자가에 못 박히셨다는 게 무슨 뜻인지 묻는다면 그는 "성경대로 그리스도께서 우리 죄를 위하여 죽으셨다"고 답할 것입니다(고전 15:3). 그리스도께서 사람의 죄를 위해 죽으시는 것 외에, 사람이 하나님께 나아갈 수 있는 길은 없습니다.

모든 사람은 용서받아야 하는 죄가 있으며, 그 누구도 자신의 노력으로 자신의 죄를 제거할 수 없습니다. 그러나 바울이 십자가에 못 박힌 그리스도를 전했을 때, 세상을 향해 생명과 소망을 전하는 그의 메시지는 곧바로 유대인에게 불쾌감을 안겼습니다. 첫째, 바울의 메시지는 유대인의 메시아 소망을 깎아내렸습니다. 둘째, 바울의 메시지는 하나님이 약해서 메시아가 십자가에 달리게 되셨다는 인상을 주었습니다. 바울은 아이러니하게도 "하나님의 약하심"을 말하는데(고전 1:25), 이는 유대인 비판자가 했던 말을 되풀이한 게 분명합니다. 바울의 메시지는 하나님을 약하게 보이게 하고 죄를 제거하는 데 초점을 맞추는데 (성전에서 드리는 제물에 자신을 이입하는) 평범한 유대인에게는 죄를 제거한다는 것이 자신과 무관해 보였습니다.

마찬가지로, 바울이 십자가에 못 박힌 그리스도를 헬라인에게 전했을 때, 그의 메시지는 난센스로 들렸습니다. "하나님의 어리석음"이라는 바울의 말(25절)은 헬라인이 했던 말을 비꼬듯 되풀이한 게 분명합니다. 바울을 비판하는 헬라인은 이것이 매우 어리석은 이야기라고 했습니다. 메시아의 죽음이 죄를 없앤다는 메시지는 이들의 필요와 전혀 무관해 보였습니다. 그래서 이들은 바울의 메시지를 거부했고, 바울은 "이것이 '멸망하는 자들'의 반응"이라고 했습니다(참조. 18절).

여기서 '아폴루미'(*apollumi*, 멸망하는)를 사용한 바울의 선택은 감정적이라기보다 분석적입니다. 바울이 이 단어를 사용한 이유는 이 단어가 그가 전달하려는 생각, 곧 '멸망한다는 것은 목적한 기능을 수행하지 못하는 것'이라는 개념을 표현하기 때문입니다. 바울은 하나님과 교제하도록 창조된 자들이 스스로 그럴 수 없음을 드러내며, 십자가의 도를 단호하게 거부함으로써 이러한 무능력을 스스로 증명하고 있다고 말합니다.

그리고 바울은 멸망하는 자들의 부정적인 반응과 "부르심을 받은 자들"(24절), 곧 "구원을 받는"(18절) 자들이라고 묘사한 사람들의 긍정적인 반응을 대비합니다. 바울은 이들에게 자신의 "메시지는 '하나님의 능력이요 하나님의 지혜'이신 그리스도의 좋은 말씀이다"라고 말합니다(참조. 1:24). 그의 메시지에서 하나님의 능력이란 그리스도의 부활과 통치를, 죄인들의 거듭남에서 역사하시는 그분의 능력을, 그분이 다시 오실 때 세상이 보게 될 그분의 능력을 선포하는 것입니다. 십자가에 못 박힌 그리스도의 메시지는 곧 하나님의 지혜를 선포하는 것입니다. 바울이 뒤이어 30절에서 말하듯이, 하나님의 그리스도께서는 우리 믿는 자들에게 지혜와 의로움과 거룩함과 구원이 되시기 때문입니다.

- '지혜'(wisdom)는 하나님께 이르는 길을 뜻하고,
- '의로움'(righteousness)은 오직 하나님의 지혜만이 생각해 낼 수 있는 공의로운 칭의(just justification)를 뜻하며,
- '거룩함'(sanctification)은 이 구절에서 하나님과의 언약 관계 또는 그 언약 관계의 수단을 뜻하는 것이 분명하며(다른 무엇을 의미한다 해도 그에 앞서 이를 뜻하며),
- 따라서 '구속'(redemption)은 죄로부터의 완전한 구원을 의미합니다.

우리가 그리스도 안에서 이 모두를 갖는다는 의미에서, 그리스도께서는 우리에게 이 모든 것이 되십니다. 바울은 이것이 '탁월한' 하나님의 지혜라고 말합니다. 우리가 창조된 목적에

맞게 사는 데 (죄가 우리를 이러한 삶에 적합하지 못하게 만들었습니다) 필요한 모든 것을 하나님이 그리스도 안에서 우리에게 주시기 때문입니다.

그래서 바울은 다른 곳에서 자주 그러듯이 이 단락에서 믿음과 불신앙 사이의 안티테제, 곧 살아 있는 자들(복음이 생명에 이르는 생명의 냄새가 되는 자들)이 복음에 보이는 반응과 영적으로 죽은 자들(복음이 사망에 이르는 사망의 냄새가 되는 자들)이 복음에 보이는 반응 사이의 안티테제를 그려 냅니다.

오늘날 복음의 안티테제

이것이 제가 강조하려는 핵심입니다. 왜냐하면 이것이 우리가 이 강연 전체에서 살펴볼 조망을 제시하기 때문입니다. 다시 말해, '안티테제가 계속된다'는 것입니다. 복음이 현대 세계와 마주할 때 안티테제가 계속됩니다. 안타깝게도 현대 교회 안에서도 안티테제가 계속됩니다. 바울 당시 유대인과 헬라인의 영적 후손이 현대 교회에, 적어도 그들의 사고 체계(thoght-forms)에 들어와 있습니다. 기독교 신학에서 '자유주의'(liberalism) 혹은 '모더니즘'(modernism)이라 불렸고 이제는 빈번하게 '급진주의'(radicalism)라고 불리는 운동이 그와 똑같은 지적 교만을 드러냅니다.

강조하건대, 제가 여기서 말하는 것은 이 운동에 사로잡힌 특정 개개인의 동기가 아니라 이 운동의 지적인 방식입니다. 저는 개개인이 아니라 사고방식을 말하고 있습니다. 이 운동은 바울 당시의 유대인과 헬라인에게서 보았던 것과 똑같은 지적 교만을, 똑같은 독단적 회의주의를, 똑같은 회피적 지성주의를 드러냅니다. 지금도 우리 주변에는 성육신과 부활은 있을 수 없다고 말할 위치에 자신이 있다고 믿는 독단적 회의주의자가 있습니다.

이는 『하나님의 성육신은 신화다』(*The Myth of God Incarnate*)라는 책을 살펴보면서 다시 언급하겠습니다. 이 책은 1977년 여러 신학자가 함께 영어로 출판했으며, 이러한 입장의 최신 표현 중 하나일 뿐입니다. 그러나 이 책의 제목이 모든 것을 말해 줍니다.[1]

---

1) 이 책은 신학자이자 종교철학자인 존 힉(John Hick)이 편집했으며, 패커가 무어에서 강연을 하기 한 해 전에 출판되었다. 이 책의 기고자들 모두 버밍엄이나 옥스퍼드나 케임브리지의 교수였다.

지성인은 지혜를 구합니다

회피적 지성주의는 하나님이 역사에 자신을 계시해 오셨다는 사실을 진지하게 받아들이길 거부하고, 복음에 선포된 예수 그리스도를 관념, 신화, 상징, 기억, 형상, 영향력으로 바꾸길 고집하며, 이로써 그분이 하나님이요 인간이신 구주(divine, personal Savior)라는 것을 인정하려 하지 않습니다.

이러한 운동이 설정한 경계 안에서 사고하는 사람은 결과적으로 기독교 메시지를 더는 마태복음 11장 28-29절에 기록된 살아계신 구주의 초대가 아니게끔 바꿉니다. "수고하고 무거운 짐 진 자들아 다 내게로 오라 내가 너희를 쉬게 하리라 나는 마음이 온유하고 겸손하니 나의 멍에를 메고 내게 배우라 그리하면 너희 마음이 쉼을 얻으리니." 바울은 데살로니가전서 1장 9-10절에서 회심자들이 "어떻게 우상을 버리고 하나님께로 돌아와서 살아 계시고 참되신 하나님을 섬기는지와 또 죽은 자들 가운데서 다시 살리신 그의 아들이 하늘로부터 강림하실 것을 너희가 어떻게 기다리는지" 말하고 그 아들이 "장래의 노하심에서 우리를 건지시는 예수시니라"고 말합니다. 그러나 이들은 그리스도인이 된다는 것을 이런 의미로 생각할 수 없습니다.

그렇습니다. 이들의 복음은 "살아계신 구주와 전능하신 주께 나오라"는 문제가 아니라 "교회 내부의 영향력으로 나오라"는 문제입니다. 이들은 기독교 선교를 다른 방식으로 생각합니다. 필연적으로 또한 피할 수 없게도, 이들에게 기독교 선교란 세상 사람에게 주 그리스도를 전하는 문제가 아닌 다른 종교들에게 다가가 그 종교를 풍성하게 하는 문제이기 때문입니다. 이것은 19세기에 기독교 선교를 생각하는 방식이었습니다. 기독교의 사고 세계에서 통찰을 얻어 불교를 더 나은 불교로, 힌두교를 더 나은 힌두교로, 어떤 종교든 그것을 더 나은 종교로 만들어야 한다는 것입니다.

자유주의자는 필요를 구합니다

20세기 말, 여기에 상응하는 생각이 있었습니다. 선교를 '인간화'(humanization)의 측면에서 다시 생각하는 것, 나아가 국가들의 세속적 야망과 바람과 관심사에 공감하고 이 국가들의 정치적 자유와 경제적 안정 등을 향한 바람을 진척시키게 돕는 것이 선교라는 생각입니다. (WCC가 이런 생각을 많이 하는 것을 알게 될 것입니다.) 이 모두는 십자가에 못 박히셨고 영원히 살아계셔서 세상을 다스리시는 그리스도를 전하는 것과 정반대입니다.

바울은 빌립보 간수에게 "주 예수를 믿으라 그리하면 너와 네 집이 구원을 받으리라"고 했습니다(행 16:31). 그러나 더는 메시지가 이런 말로 제시되지 않습니다. 이들의 '복음'에 따르면,

예수님은 교회의 본보기가 되며 영향력 있는 과거의 인물이지만, 정확히 현재 시제로 여기 살아계신 구주요 친구는 아닙니다. 그러므로 우리는 세상에서 불신앙에 맞서 선한 싸움을 싸워야 하듯이 교회에서 자유주의와 끊임없이 싸워야 합니다.

저는 이 강연을 이런 상황에서 하고 있습니다. 우리가 함께하려는 일, 하나님이 우리로 하게 하시는 일은 본질적인 복음을, 곧 성경적 복음을 이러한 현대의 경향에 비추어, 근래의 운동에 비추어 다시 생각하고 다시 진술하는 것입니다. 우리는 성경적 입장의 대안을 살펴볼 것입니다. 이러한 대안에 대해 동의할 수 있는 부분과 반대해야 하는 부분을 살펴볼 것입니다. 하나님의 은혜로, 우리의 마음에서 복음이 잘못된 믿음에 덮이지 않고 우리가 사람들에게 복음을 한결 더 분명하게 선포할 준비를 갖추게 되길 바랍니다.

복음 이야기

오늘 저녁, 남은 시간에 우리가 살펴볼 질문 중에서 첫째 질문을 다루겠습니다. 어쨌거나 복음은 어떤 종류의 메시지이고, 어떤 종류의 좋은 소식이며, 어떤 종류의 교통(communication)입니까? 십자가의 도, 십자가에 못 박힌 그리스도를 선포하는 것은 어떤 종류의 가르침입니까?

저는 십자가에 못 박힌 그리스도를 선포한다는 것은 본질적으로 일련의 교리를 선언하는 것이라고 이 질문에 답하겠습니다. 사실 저는 이전에 다른 책에서 이 질문에 이런 식으로 답한 적이 있습니다. 『복음 전도란 무엇인가』(*Evangelism and the Sovereignty of God*)에서 복음이, 그리고 복음 메시지를 전한다는 것이 다음의 다섯 가지 실재, 곧 기독교 교리의 모든 주제와 연결된다고 말했습니다. 그 다섯 가지 실재란 1) 하나님과 그분의 거룩, 2) 인간과 그의 죄, 3) 그리스도, 그분의 십자가와 그분의 속죄(atonement), 4) 믿음과 회개, 마지막으로 5) 성령과 새 생명입니다.[2]

다시 말해, 저는 복음은 정통(orthodoxy)이라고 이 질문에 답하는 것입니다. 이 대답은 거짓이 아닙니다. 교리(doctrines)란 무엇입니까? 가르치려는 목적으로 추출된 성경의 사상입니다. 라틴어 '독트리나'(*doctrina*)는 가르침을 뜻합니다. 그렇기에, 교리는 말하자면 일하시는 하나님의 실재를 두른 울타리입니다. 신조와 신앙고백 또한 일하시는 하나님의 실재를 두른 울타리이

---

[2] J. I. Packer, *Evangelism and the Sovereignty of God* (Downers Grove, IL: InterVarsity Press, 1971). 『복음 전도란 무엇인가』, 조계광 옮김(생명의말씀사, 2012).

며, 기독교 교리들로 구성됩니다. 진리를 파악하려면, 이 울타리 안에서 살피고 파내려가며 탐구해야 합니다.

이 울타리 밖에서 찾아낸 그 어떤 개념도 진리가 아닐 것입니다. 진리의 경계를 정하는 데 교리가 필요합니다. 그 자신이 선생이신 하나님이 우리에게 교리를 주셨습니다. 교리가 교회에서 필요한 것은 하나님이 교리를 교회에 주셨기 때문입니다. 다시 말해, 하나님이 친히 그분의 메신저들을 통해 우리에게 진리를 가르치셨습니다. 그러므로 교리는 공식화되어야 하고 소중하게 다뤄져야 합니다. 하나님이 친히 우리의 선생이 되셨습니다. 성경에 있는 것이 교리이며, 따라서 교리가 제시되어야 합니다.

이렇게 말하는 이유는 제가 어떤 식으로든 교리를 반대하지 않는다는 사실을 여러분에게 설득하기 위해서입니다. 영국에서 저는 교리에 대한 열정 때문에 많은 진영에서 무늬 있는 매(렘 12:9에 나오는 표현으로 먹잇감을 뜻함—역주) 취급을 받습니다. 그러나 제가 여기서 하고 싶은 말은 "복음은 어떤 종류의 메시지입니까?"라는 질문에 "복음은 교리로 구성됩니다"라고 답한다면, 제한된 답이라는 것입니다. 우리가 받아들이고 보존하며 진술하는 교리는 다소 정적이고 방어적이며 흔히 추상적이기 때문입니다. 우리는 스스로에게 일깨워야 합니다. 우리는 단순히 정통적이기 때문에, 또는 교리를 읊음으로써 구원을 받는 게 아닙니다. 또한 그렇게 하나님을 알게 되는 것도 아닙니다. 저는 『하나님을 아는 지식』에서도 이에 관해 길게 떠들었습니다. '하나님에 관해 아는 것'과 '하나님을 아는 것'은 다릅니다. 하나님에 관해 아는 것은 하나님을 아는 수단일 뿐입니다. 마치 어떤 사람에 관해 아는 것은 그 앎과 이해를 바탕으로 그 사람과 관계를 맺는 수단이듯 말입니다.[3]

저는 "복음은 본질적으로 교리를 선포하는 것입니다"라는 말로 이 질문에 답하고 싶지 않습니다. 이것이 맞는 대답일 테지만, 오늘밤은 오히려 이렇게 답하고 싶습니다. 복음은 어떤 종류의 소통입니까? 복음은 이야기입니다. 복음은 하나님에 관한 이야기입니다. 궁극적으로, 복음은 계시의 문제이므로 하나님이 우리에게 들려주신 하나님에 관한 이야기입니다. 복음은 하나님이 그분의 대언자를 통해 자신을 증언하시는 이야기입니다. 이 이야기의 주제는 정확하게 일하시며 살아계신 하나님, 이 세상에서 과거에 일하셨고 현재에 일하시며 미래에 일하실 살아계신 하나님입니다. 복음은 하나님이 하셨고, 하고 계시며, 하실 일에 관한 이야기입니다.

---

[3] J. I. Packer, *Knowing God* (orig. 1973; Wheaton, IL: Crossway, 2023). 『하나님을 아는 지식』, 정옥배 옮김(IVP, 2008).

우리에게는 들려줄 이야기가 있습니다

'복음'이란 단어는 '콘서티나'(concertina, 아코디언의 일종으로 아코디언보다 작은 악기―역주)를 닮았습니다. 복음은 때로 콘서티나를 오므릴 때처럼 좁은 의미로 사용되고 때로는 콘서티나를 펼 때처럼 넓은 의미로 사용됩니다. '복음'이란 단어가 좁은 의미로 사용되든 넓은 의미로 사용되든, 핵심은 십자가에 못 박힌 그리스도입니다. 좁은 의미에서, 복음은 제가 방금 말한 다섯 교리가 다루는 영역을, 곧 하나님이 십자가에서 인간의 구주로서 하셨고, 믿음을 통해 사람들이 지금 그분을 알게 하면서 하고 계시며, 성령께서 주시는 생명으로 사람들을 인도하면서 하실 일을 의미합니다.

하지만 성경에서도 그렇게 사용되듯, 넓은 의미에서 복음은 하나님의 모략 전체를, 영원에서 시작되었고 영원에서 완결될 하나님의 계획 전체를 의미합니다. 영원부터 영원까지, 하나님의 구원 계획은 교회가 영광 가운데 완전해질 때에야 완결될 것입니다.

저는 지금 '복음'이란 단어를 좁은 의미가 아니라 넓은 의미에서 사용하는데, 성경에 이렇게 사용된 선례가 있습니다. 제가 말하듯이 복음은 본질적으로 이야기, 곧 하나님에 관한 내러티브입니다.

이 문제를 이렇게 보는 방식을 찬송가에서 배울 수 있습니다. 찬송가는 우리를 기독교의 핵심으로 거듭거듭 인도합니다. 이제 제가 인용하려는 선교적 찬송이 어떤 면에서 순진하다고 생각할는지 모르겠습니다. 그렇더라도 이 찬송은 제게 그 핵심을 훌륭하게 보여 줍니다.

> 우리에게는 열방에 들려줄 이야기가 있습니다
> 열방의 마음을 옳은 데로 돌려놓을 이야기입니다
> 진리와 자비의 이야기,
> 평화와 빛의 이야기입니다…
>
> 우리에게는 열방에 전할 메시지가 있습니다
> 위에서 다스리시는 하나님이
> 우리를 구원하려고 그분의 아들을 보내셨고
> 하나님은 사랑이심을 우리에게 보여 주셨다는 것입니다[4]

또는 똑같이 순박하지만 똑같이 진리를 담은 찬송을 어린이 찬송에서 볼 수 있습니다.

---

4) H. Ernest Nichol, "We've a Story to Tell to the Nations," 1896. "옳은 길 따르라 의의 길을"(새찬송가 516장), 인용은 역자 직역.

오래고 오랜 이야기 내게 들려주세요
저 위 보이지 않는 것들에 관한 이야기,
예수님과 그분의 영광에 관한 이야기,
예수님과 그분의 사랑에 관한 이야기를…

그 이야기 내게 천천히 들려주세요
내가 그 이야기에 빠져들 수 있게,
놀라운 구원의 이야기,
하나님이 죄를 해결하시는 방법에 관한 이야기를…

내게 그 이야기 늘 들려주세요
언제라도 어려울 때
나를 위로하시는 분이 있다는 이야기를…[5]

복음은 이야기입니다. 맞습니다. 정확히 이야기입니다. 찬송들이 맞습니다. 똑같은 메시지를 신학자에게서도 들을 수 있습니다. 예를 들면, 작고한 신학자 칼 바르트(Karl Barth)가 있습니다. 이미 1920년대에 바르트는 신학자로서 자신의 목적은 기

---

[5] Katherine Hankey, "Tell Me the Old, Old Story," 1866, "주 예수 크신 사랑"(새찬송가 205장), 인용은 역자 직역.

독교 진리의 단순한 핵심에 초점을 맞추는 것이라고 했습니다. 1962년, 바르트가 마지막으로 미국을 여행할 때, 잘난 척하는 어떤 미국인이 그가 지금껏 가졌던 가장 심오한 생각이 무엇이냐고 물었습니다. 바르트는 어린이 찬송을 인용하며 답했습니다. "예수님이 나를 사랑하심을 내가 알아요. 성경이 내게 그렇게 말하니까요."[6)]

이야기의 핵심

바울은 로마서를 복음에 대한 훌륭하고 정교하며 완전한 해설서로 썼습니다. 바울은 거의 격식을 갖춰 서신의 주제를 선언하는 훌륭하고 완전한 문장으로 로마서를 시작했습니다. 그 문장은 이렇습니다.

> "예수 그리스도의 종 바울은 사도로 부르심을 받아 하나님의 복음을 위하여 택정함을 입었으니 이 복음은 하나님이 선지자들을 통하여 그의 아들에 관하여 성경에 미리 약속하신 것이라 그의 아들에 관하여 말하면 육신으로는 다윗의 혈통에서 나셨고 성결의 영으로는 죽은 자들 가운데서 부활하사 능

---

6) Anna Bartlett Warner, "Jesus Loves Me," 1959. "예수 사랑하심을"(새찬송가 563장), 인용은 역자 직역.

력으로 하나님의 아들로 선포되셨으니 곧 우리 주 예수 그리스도시니라 그로 말미암아 우리가 은혜와 사도의 직분을 받아…"(롬 1:1-5).

더 읽을 필요가 없습니다. 우리는 바울이 무엇을 선포하는지 압니다. 복음, 곧 하나님의 아들 주 예수 그리스도에 관한 좋은 소식입니다. 그분은 육신으로는 다윗의 혈통에서 나신 역사의 인물로 죽은 자 가운데서 부활하셨습니다. 이것은 역사입니다. 하나님이 하신 일에 관한 이야기입니다.

이 구절과 짝을 이루는 고린도전서 15장 첫머리에서, 바울은 고린도 신자들에게 기본을 일깨우며 말합니다.

"형제들아 내가 너희에게 전한 복음을 너희에게 알게 하노니 이는 너희가 받은 것이요 또 그 가운데 선 것이라 너희가 만일 내가 전한 그 말을 굳게 지키고 헛되이 믿지 아니하였으면 그로 말미암아 구원을 받으리라 내가 받은 것을 먼저 너희에게 전하였노니 이는 성경대로 그리스도께서 우리 죄를 위하여 죽으시고 장사 지낸 바 되셨다가 성경대로 사흘 만에 다시 살아나사 게바에게 보이시고…"(고전 15:1-5).

다시 말합니다. 이것은 이야기입니다. 내러티브입니다. 역사입니다. 하나님이 하신 일에 대한 선포입니다. 로마서에서 바울은 하나님이 '하신' 일로부터 그리스도를 믿는 자에게 생명을 주심으로 '하고 계시는' 일과 교회를 완전하게 하시며 '하실' 일로 옮겨 갑니다. 로마서 11장에서 바울이 마침내 완전해질 교회의 영광스러운 모습을, 유대인과 이방인이 한몸을 이루고 하나님이 모두의 하나님이 되실 모습을 어떻게 그려 내는지 기억하십시오. 마찬가지로 고린도전서 15장에서는 예수님의 죽음과 부활을 '되돌아보는' 데서 '현재', 곧 그 부활을 믿는 자들이 받는 죄용서로 옮겨 가고 뒤이어 '미래', 곧 나팔이 울리고 죽은 자들이 일어날 그날에 그리스도인들이 부활하리라는 소망으로 옮겨 갑니다. 이것은 복음이고 선언이며, 하나님이 과거와 현재와 미래에 하셨고, 하시며, 하실 일에 관한 이야기입니다.

1930년 C. H. 도드(Dodd)는 사도행전의 설교들을 연구하다가 사람들이 주 예수 그리스도의 삶과 죽음과 부활(현재의 통치와 미래의 재림)에서 예언이 성취된다고 선포할 때, 사도들이 전파한 내용, 곧 이들의 특징적 '케리그마'(kerygma)가 거듭거듭 나타나는 것을 발견했습니다.[7]

---

7) C. H. Dodd, *The Apostolic Preaching and Its Development* (1936).

그렇습니다. 신약성경 전체에서 복음은 역사라고 선포됩니다. 안타깝게도, 오늘날 아주 많은 사람이 '역사'라는 단어에 관해 자신의 생각을 말하지 못하고 우물쭈물합니다. 우리는 그러지 맙시다. 제가 역사를 말할 때 이것은 연속된 시공간을, 세상이 창조될 때부터 계속된 시공간을 의미합니다. 이를테면, 여러분과 저는 연속된 시공간에서 오늘, 그러니까 1978년 9월 어느 화요일 저녁 8시 50분에 위치합니다. 역사는 연속된 시공간이라는 공개된 무대이며, 우리가 말하고 있고 신약성경이 기록하는 사건들은 연속된 시공간에서 일어났습니다.

이 이야기의 본질을 이론적으로 이렇게 성격 지을 수 있습니다. 우리가 H. G. 웰스(Wells)의 소설 『타임머신』(The Time Machine)에 등장하는 시간 여행자와 함께 또는 현대의 드라마 "닥터 후"(Dr. Who)에 등장하는 폴리스 박스(police box)를 이용해 시간을 거슬러 올라갈 수 있다면, 이론적으로 오래전 갈릴리에서 예수님의 설교를 들었던 사람들과 함께하거나, 그분이 십자가에 못 박혀 돌아가시는 모습을 보았던 사람들과 함께하거나, 사흘째 되는 날 빈 무덤에서 여인들 및 제자들과 함께할 수 있을 것입니다. 이론적으로, 우리가 시간을 거슬러 올라갈 수 있다면, 이 사건들에 직접 참여할 수 있을 것입니다. 다른 사람이 목격한 것을 우리도 목격할 수 있을 것입니다.

이처럼 단순하고 직접적이며 기본적인 의미에서, 우리는 복음에 선포된 이러한 일들이 역사라고 말합니다. 사도들 자신이 이를 분명하고 확실하게 역사로 여겼기 때문입니다. 복음은 역사입니다. 복음은 이야기입니다. 복음은 하나님이 연속하는 시공간에서 행하셨고 지금도 행하시며 역사가 끝날 때까지 행하실 일을 말하는 내러티브입니다.

많은 가닥이 있는 이야기

성경은 다양한 핵심 주제를 제시하면서 이 이야기를 서술합니다. 그리고 각각의 주제는 성경 각기 다른 곳에서 이 이야기를 들려주는 초점이 됩니다. 복음은 여러 가닥으로 엮인 밧줄 같다고 할 수 있습니다. 각각의 가닥이 복음을 각기 다르게 제시합니다. 그러나 복음 전체는 모든 가닥이 한 데 엮여 밧줄 전체가 완성된 후에야 우리 앞에 나타납니다.

하나님 나라 이야기

그렇다면 각각의 가닥은 무엇입니까? 이 이야기는 무엇보다도 하나님 나라 이야기라고 할 수 있습니다. 다시 말해, 인간의 첫 반역 이후 세상이 다시 한번 하나님의 통치에 실제로 복종하게 하고, 구원하는 긍휼(saving mercy), 곧 하나님의 통치에 복종하는 자들이 알게 될 영원한 생명이라는 선물을 실제로 누리게 함으로써 변하지 않는 그분의 왕권, 곧 그분의 세상에 대한 주권을 하나님이 어떻게 표현하시는지 들려주는 이야기라고 할 수 있습니다.

이 이야기는 인간이 에덴동산에서 반역하고 그 결과 영적 생명을 잃는 데서 시작합니다. 이 이야기는 뒤이어 어떻게 하나님이 먼저 자신의 백성 이스라엘의 왕이 되셨는지를 보여 줍니다. 이 이야기는 하나님이 자신을 대신해 자신의 백성 이스라엘을 다스리도록 어떻게 왕정을 세우셨는지 들려주고, 어떻게 선지자들을 통해 자기 백성의 마음에 더 위대한 왕을 향한 소망, 다윗의 자손으로 오셔서 다윗의 주가 되실 분을 향한 소망을 두셨는지 들려줍니다. 이 이야기는 어떻게 하나님의 아들이 세상에 오셔서 그 왕이 되셨는지 보여 줍니다. 이 왕은 바로 예수 그리스도입니다. 이 이야기는 어떻게 예수 그리스도께서 십자가에 못 박혀 죽으시고 부활하신 후 왕이 되셨고 하늘에 오르사 하나님 오른편에 앉아 다스리시며 어떻게 어느 날 다시 오셔서 대다수 사람들이 인정하지는 않지만 이미 그분의 것인 왕권을 마침내 공개적으로 확립하실지 들려줍니다.

이것은 하나님 나라 이야기이며 그 나라의 왕이신 예수 그리스도의 이야기입니다. 저는 성경 메시지의 이 가닥을 설명하면서, 특히 구약성경의 역사서에, 구약 역사의 많은 메시아 구절에, 특히 모두 이 주제를 다루는 신약성경의 첫 세 복음서에 주목할 것입니다.

하나님의 백성 이야기

둘째, 복음 이야기를 하나님의 백성이라는 주제와 연결해 말할 수 있습니다. 다시 말해, 하나님은 자신과 교제하며 자신을 예배하고 자신을 증언하며 자신을 영화롭게 하고 자신을 지금 기뻐하고 영원히 기뻐할 한 백성을 창조하려는 자신의 목적을 성취하고 계십니다.

이 이야기는 영원 전에 셋이요 하나이신 분이 사람과 교제하기로 결심하셨을 때 시작되며, 뒤이어 시간의 무대에서 어떻게 하나님이 아브람과 그의 씨를 자신의 백성으로 선택하셨는지 들려줍니다. 이 이야기는 어떻게 하나님이 아브람의 후손을 애굽에서 불러내 광야에서 언약을 통해 자신의 백성 삼으시고 예배, 곧 제사장직과 제사 양식을 세워 이들 간의 교제가 언제나 경험적 실재가 되고 그 무엇도 이것을 막지 못하게 하셨는지 들려줍니다.

이 이야기는 뒤이어 어떻게 하나님이 이스라엘에게 그분과 교제하며 살도록 가르치셨는지 들려줍니다. 이 이야기는 예수 그리스도에 이르기까지 계속되는데, 그분은 참 이스라엘이요 아브라함의 씨이며 그분 안에서 이스라엘이 재구성됩니다. 이 이야기는 뒤이어 어떻게 신약의 교회가 예수 그리스도 안에서 새롭고 참된 이스라엘인지 보여 줍니다. 그리고 이 이야기는 하나님이 그분의 은혜로 지으신 새로운 공동체의 성격을 서술하며 끝납니다. 이 새로운 공동체는 교회인데, 교회는 하나님의 백성이며 그리스도의 몸이고 성령의 공동체입니다. 교회는 이 세상에서 제3의 인류이며, 천국의 삶을 사는 세계적 공동체입니다. 교회는 죄용서를 알고 믿음을 통해 은혜로 하나님과 교제하며 지금 영원한 생명을 누리는 사람들의 모임입니다.

이 이야기를 이렇게 하려면, 구약성경의 출애굽기와 신명기와 호세아서를 비롯해 신약성경의 갈라디아서와 에베소서와 요한계시록 같은 책을 가장 크게 의지해야 합니다.

하나님의 중보 이야기

하나님이 한 백성을 창조하시는 이야기 전체와 관련해, 어쩌면 이 이야기의 일부분으로 또는 별개의 주제로, 복음 이야기의 셋째 가닥을 말해야 합니다. 셋째 가닥은 중보 이야기, 곧 하나님이 죄인과 교제하려고 특별한 은혜를 베푸셨다는 이야기입니다.

우리는 중보의 필요성을 그분의 백성에게 가르치기 위해, 하나님이 어떻게 제사장 제도와 제사 제도를 제정하고 그분께 나오는 장소까지 정하셨는지 그 이야기를 전해야 합니다.

우리는 우리의 큰 대제사장이며, 동시에 시대를 초월해 하나님의 백성 전체의 죄를 사하는 완전한 제물이신 예수 그리스도 안에서 중보의 원형이 마침내 성취되었음을 말해야 합니다. 우리는 예수님을 전해야 합니다. 그분은 자신을 제물로 드린 제사로써 성막을, 예루살렘 성전을, 곧 사람들이 하나님을 예배하려면 찾아가야 했던 특정 장소를 대체하셨습니다. 이로써 누구라도, 언제라도 예수 그리스도를 통해 하나님께 나아갈 수 있으며, 그리스도 안에 있음으로써 그분의 유효한 중보를 누릴 수 있습니다.

우리는 그리스도께서 어떻게 사람들을 하나님께 인도해 하나님과 계속 교제하게 하시는지 말해야 합니다. 이것이 모두 중보 이야기입니다.

이 패턴이 출애굽기와 레위기에 잘 나와 있으며, 그 실재가 요한복음과 갈라디아서와 로마서와 히브리서 대부분에 잘 나와 있습니다. 특히 히브리서는 예수님이 자신과 그분이 드린 제사로 이 패턴을, 이러한 중보의 그림을 어떻게 성취하시는지 보여 줍니다. 그러므로 복음 이야기의 셋째 가닥은 하나님이 주도적으로 중보하신다는 이야기, 중보를 통해 하나님이 죄인들로 그분과 교제할 수 있게 하신다는 이야기입니다.

하나님의 승리 이야기

복음 이야기의 넷째 가닥은 새롭게 하심이란 주제입니다. 이것은 하나님이 세상을 새롭게 하시고 무질서한 창조세계를 새롭게 하신다는 것입니다.

창조세계는 사탄의 반란과 뒤이은 인간의 반란 때문에 도덕적으로 무질서합니다. 또 바울이 로마서 8장 중반에서 개략적으로 말하듯이 우주적으로도 무질서합니다.

그러나 무질서가 언제까지나 계속되지는 않습니다. 복음 메시지의 이 가닥은 사탄과 그의 추종자들, 곧 사탄을 따르는 천사들과 인간들이 멸망하리라고 선포합니다. 이들의 반란이 영원히 지속될 수는 없습니다. 사탄은 패배한 원수입니다. 사탄은 심판받을 것이며, 사탄의 편에 선 자들도 심판을 받을 것입니다.

반대로, 그리스도를 통해 하나님을 믿는 자들은 내적으로 마음과 영과 성품이 이미 새롭게 되었습니다. 어느 날, 이들은 부활에 맞춤한 몸을 받아 외적으로 새롭게 될 것입니다. 그날, 온 우주가 새롭게 될 것입니다. 새 하늘과 새 땅이 있을 것이며,

하나님의 영광이 물이 바다를 덮음 같이 온 우주에 마침내 완전하게 드러날 것입니다.

복음 이야기를 말하는 이 방식은 죄와 죄가 낳은 무질서에 대한 하나님의 승리를 단계별로 선포합니다. 복음 이야기를 이 방식으로 말하는 것과 특별히 연관된 단락은 창세기 3장, 로마서 8장, 이사야서의 많은 부분, 베드로후서, 요한계시록의 많은 부분 등입니다.

하나님 아버지께서 아들을 영화롭게 하시는 이야기

다섯째, 우리는 복음 이야기를 하나님이 그분의 아들을 영화롭게 하시는 이야기로 들려줄 수 있습니다. 우리는 복음 이야기를 자신의 아들을 공동 창조자로, 구속자로, 교회의 머리로, 죄인들에게 생명의 근원으로, 세상의 현재 주(Lord)와 오실 왕으로, 사람들이 아버지 하나님을 높이듯 예배하고 높여야 하는 분으로 알리려는 아버지 하나님의 목적이라는 견지에서 선언할 수 있습니다.

이러한 관점에서 보면, 복음은 예수 그리스도께 엎드리고 그분을 예배하라는 초대입니다. 성경에서 복음 이야기를 이런 방식으로 들려주는 것과 특별히 연관된 책은 요한복음과 골로새서, 그리고 요한계시록의 많은 부분입니다.

하나님의 형상 이야기

여섯째, 우리는 복음 이야기를 사람이 하나님의 형상으로 완전히 회복된다는 선포로도 말할 수 있습니다. 복음 이야기를 사람의 견지에서, 사람이 제기하고 스스로에게 제시하는 문제의 견지에서, 이 문제의 해결책을 사람을 지으신 하나님이 제시하신다는 견지에서 말할 수 있습니다. 나는 누구입니까? 나는 왜 여기 있습니까? 나는 어디에서 왔습니까? 나는 어디로 가고 있습니까?

하나님의 대답은 복음에 계시되어 있는데, 모든 사람이 하나님처럼 되도록 창조되었다는 사실입니다. 모든 사람은 하나님의 형상으로 살고 하나님과 교제하도록 창조되었습니다. 저는 성경신학이 우리에게 하나님의 형상을 운명(destiny)으로, 부여받은 것(endowment)으로 보도록 가르친다고 믿습니다. 이것은 전자이자 후자입니다.

하나님의 형상이 사람에게 부여되었습니다. 창세기 1장에서 사람이 하나님의 형상으로 창조된 데서 이를 알 수 있습니다. 하나님의 형상은 합리성(계획을 세우고 실행하는 능력), 창조성, 통치권, 영적 지식, 하나님의 실재를 아는 지식, 의로움, 거룩함으로 구성됩니다. 저는 창세기 1장을 통해 이 모두를 증명할 수 있다고 생각합니다. 창세기 1장에 나오는 하나님의 형상은 무엇보다 하나님을 드러낸다는 견지에서 이해하는 것이 바른 해석이고 바른 신학입니다. 창세기 1장에서 합리성, 창조성, 통치권, 지식, 거룩함은 하나님을 드러내는 특징입니다.

사람의 운명은 매 순간, 모든 행동에서, 평생, 하나님을 닮은 모습을 드러내며 사는 것이었습니다. 이런 의미에서 하나님을 닮는 것이 사람의 운명이었습니다. 그런데 아담은 타락했고, 그의 운명은 성취되지 못했습니다. 하지만 신약성경은 하나님의 형상이 그리스도 안에서 그리스도와의 연합을 통해 회복된다고 선포합니다.

그리스도와의 연합은 복음이 다루는 또 하나의 큰 주제입니다. 에베소서 4장 24절에서 바울은 복음이란, "하나님의 모양"(likeness of God, 개역개정은 "하나님"으로 번역-역주)을 따라, 즉 하나님의 형상을 따라 지음 받은 새 사람을 입으라는 요청이라고 말합니다. 사람은 하나님의 형상을 따라 "의와 진리의 거룩함으로" 창조됩니다. 골로새서 3장 10절은 그리스도인은 "새 사람을 입었으니 이는 자기를 창조하신 이의 형상을 따라 지식에까지 새롭게 하심을 입은 자"라고 말합니다.

그리스도 안에서 사람에게 주어진 하나님의 선물과 그분이 요구하시는 거룩함에 관해 신약성경이 말하는 모든 것은 사실, 사람의 운명인 하나님의 형상이 사람에게서 회복된다는 주제의 일부입니다. 이것은 복음 이야기의 또 다른 가닥이지만, 복음 이야기를 들려줄 수 있는 또 다른 방식입니다.

02

사람이신 예수

그리스도의 인성에 대한 도전

그리스도라 불리신 예수는 주후 30년경 십자가에 못 박힌 갈릴리 유대인이었습니다. 첫째 강연(1장)에서 말했듯이, 예수님은 신화의 인물이 아닌 역사의 인물이었고 분명히 사람이셨습니다. 예수는 신의 현현(theophany)이었을 뿐이라 생각했던 1세기 가현론자들(Docetics) 이후로 아서 드루스(Arthur Drews)와 G. A. 웰스(Wells) 같은 극소수 학자를 제외하고는 이 사실을 그 누구도 의심하지 않았습니다. 이 둘은 각각 『그리스도 신화』(*The Christ Myth*, 1909)와 『예수는 실존 인물인가?』(*Did Jesus Exist?*, 1975)를 썼으며, 예수는 절대로 실존 인물이 아니었다고 믿습니다.

예수님은 어떤 사람입니까?

질문이 제기됩니다. 예수님은 과연 신약성경이, 복음서와 서신서가, 특히 바울이 골로새서에서 말하고 히브리서 1장이 말하는 그런 사람이었습니까? 바꾸어 말하면, 예수님은 하나님의 영원한 아들이신 사람이었습니까? 아니면 이렇게 묘사하면 안 되는 사람이었습니까? 우리 시대에 교회 안에서 많은 사람이 이렇게 묻습니다. 우리는 교회 밖 사람들이 끊임없이 이런 질문을 던질 거라고는 예상하지만, 교회 안에서도 이런 질문이 제기된다는 사실에 놀랍니다. 안타깝지만 우리는 이러한 현실을 직시해야 합니다.

첫째, 저는 복음서의 성격을 말하려 합니다. 복음서는 사람이신 예수님을 우리에게 제시하는데, 그분은 이를테면 이리저리 걸어 다니시고, 이런저런 말씀을 하시며, 이런저런 일을 하십니다.

둘째, 저는 신약성경이 사람이신 예수님의 위격(person)과 위치(place)에 관해 어떻게 믿는지 간략하게 요약하려 합니다.

셋째, 저는 이른바 인본주의 기독론(humanitarian Christology), 다시 말해 예수님을 하나님의 아들이라 말하는 게 적절한지 의심하는 사람들이 내놓은 그리스도의 위격에 관한 대안적 견해를 살펴보려 합니다. 이들은 예수는 기껏해야 특별히 성령이 충만했던 사람, 예언하는 사람, 주목할 만하고 뛰어났던 사람이라 말합니다. 이들에 따르면 이것이 그분에 관한 전부입니다. 이들은 사실상 하나님의 아들의 성육신을 한 사람 안에 성령이 내주하는 특별한 경우로 축소하는 것입니다. 저는 인본주의 기독론을 살펴보고 이것이 어떻게 작동하는지 보겠습니다.

넷째, 저는 오늘의 강연을 마무리하면서 히브리서에 제시된 예수님의 인성을 살펴보겠습니다. 제가 보기에, 히브리서는 우리를 가르치려고 매우 적절한 일련의 핵심을 제시하는 것 같습니다.

1. 복음서의 성격

이 사람, 곧 예수를 소개하는 복음서의 성격부터 이야기하겠습니다. 일반적으로, 신약성경은 예수님을 믿는 사람이 예수님을 믿는 사람을 위해 쓴 믿음의 고백입니다. 특히 사복음서는 예수님에 관한 서신서의 믿음을 견지했던 사람들이, 다른 이들로 이 믿음에 더욱 깊이 들어가도록 도우려고 쓴 것입니다. 여기에는 논쟁의 여지가 없습니다. 마태복음, 마가복음, 누가복음, 요한복음은 복음서이며, 이런 의미에서 복음서는 그 어떤 기존의 형식과도 다른 새로운 문학 형식이었습니다.

이것들이 복음서라 불린 이유는 아주 분명합니다. 예수님의 말씀과 행적(각 저자가 각자의 책에서 그분의 말씀과 행적을 제시했는데, 이러한 도입 내러티브에 정교한 수난 이야기가 이어집니다)을 들려주는 내러티브의 모음이 좋은 소식을 제시하도록 세밀하게 계산되었기 때문입니다. 이 이야기들이 분명하고 자연스럽게 모여 예수님의 복음을 제시하는 것이 각 저자의 의도였습니다. 네 저자는 이것이 자신의 내러티브가 하는 일이라 믿었기에 자신의 저작을 복음이라 불렀습니다.

이는 교훈적인 프롤로그로 시작하는 요한복음에서 아주 분명하게 나타납니다. 이야기가 펼쳐지면서 많은 핵심 포인트에서 사도가 해석을 덧붙입니다. 물론 정교한 교리적 담론도 복음서의 한 부분을 이루는데, 이런 담론들에서 이 모두가 우리 주님의 입술을 통해 매우 분명해집니다. 따라서 요한복음에는 옛 방식의 스토리텔링이라 부를 법한 게 있으며, 저자는 이 기법을 사용해 자신이 하는 이야기의 교훈을, 자신이 들려주는 이야기의 의미를 아주 분명하게 드러냅니다.

이와는 반대로 공관복음의 저자, 마태와 마가와 누가는 자신의 이야기를 현대적이라 부를 법한 방식으로 들려줍니다. 이들은 이야기를 들려주면서 첨언하지 않습니다. 이들은 그저 자료들을 정렬하고 내러티브의 전개에 따라 줄거리를 세움으로써 독자에게 영향을 미치길 바라고 실제로 그렇게 하려고 계획합니다. 마태복음, 마가복음, 누가복음은 두 세대 전 비평가들이 강하게 주장했던 것과 달리 소박한 회고록과는 거리가 멉니다. 절대로 소박한 회고록이 아닙니다. 세 복음서는 정교하게 구성된 신학문서입니다 다시 말해, 세 복음서에서는 독자들이 복음, 곧 예수님이 제시되는 구체적 방식에 주목하도록, 또는 각 저자가 예수님을 복음으로 제시하는 구체적 방식에 주목하도록 스토리텔링의 모든 부분이 세밀하게 다듬어지고 앵글이 맞춰집니다.

마태는 예수님을 구주이신 왕(Savior King)으로 제시합니다. 마가는 예수님을 속죄를 이루시는 하나님의 종으로 제시합니다. 누가는 예수님을 하나님의 완전하며 최종적인 선지자이기도 하신 완전한 사람으로 제시합니다. 그리고 요한은 복음 이야기를 좀 더 옛 방식으로 들려주며, 예수님을 성육하신 하나님의 아들로 제시하면서 모든 것을 마무리합니다.

학자들은 복음서 저자마다 이렇듯 각자의 특별한 목적이 있으며, 이 목적에 맞게 자신의 내러티브를 선택해 구성하며 앵글을 맞췄다고 보았습니다. 이 때문에 새로운 비평 기법이 생겨났고, 학자들은 복음서 연구에 오랫동안 사용해 온 자료 비평(source criticism)과 양식 비평(form criticism)에 이 새로운 기법을 추가했습니다. 이 새로운 기법은 편집 비평(redaction criticism)이라 불립니다. 편집 비평은 지난 20년 사이에 빛을 보았습니다. 정확히 말하면, 편집 비평은 각 복음서 저자가 자신의 특정 메시지를 전달하려고 역사를 들려줄 때 어떻게 앵글을 잡고, 구성하며, 선택했는지 연구합니다.

안타깝게도, 자료 비평과 양식 비평은 회의주의에 기여하도록 이용되어 왔습니다. 다시 말해 전승 과정에서 예수에 관한 사실들이 위조되고 잊혔으며, 뒤이어 내러티브들이 실제로 일어난 일과 맞지 않게 상상으로 재구성되었다는 가설에 기여하도록 이용되어 왔습니다. 그런데 편집 비평 역시 회의주의에 기여하도록 이용되어 왔습니다. 편집 비평가들은 복음서 저자들이 각자의 신학적 주장을 분명히 하려고 어느 정도까지 전승을 왜곡하고 사실을 위조했는가 하는 문제를 여러 각도에서 깊이 탐구했습니다.

사실, 복음서 저자들이 이렇게 했다고 믿을 만한 이유가 전혀 없습니다. 책을 쓰는 사람으로서 여러분에게 감히 말합니다. 모든 저자의 의무 가운데 하나는 자신이 선택하는 사실의 의미를, 적어도 자신이 그 의미라고 여기는 것을 독자들이 가장 분명하게 이해할 수 있도록 제시하는 것입니다. 편집 비평은 복음서 저자들이 어떻게 저자의 책임을 다했는지 연구합니다. 그런데 이러한 저자의 책임이 저자가 자신의 주장을 분명하게 하기 위해 사실을 위조하는 것과 양립할 수 있을까요? 현대인들은 그렇게 생각하지 않습니다.

주후 1세기 사람들이 이렇게 생각했다고 믿을 만한 이유가 없습니다. 그러면 복음서 저자들이 역사의 예수를 말할 때 증거에 충실했다고 믿을 이유는 있습니까? 예, 있습니다. 요한복음 말미와 누가복음 첫머리에, 독자들이 이들 책에서 읽는 내용은 지식과 충실한 증언에 근거하기에 진실로 공정하게 받아들일 수 있다는 주장과 증언이 있습니다. 이러한 접근법과 확신이 받아들일 수 없는 것으로 증명될 때까지, 우리는 이성적 연구자로서 이를 우리의 작업 가설로 받아들여야 합니다.

그러나 이는 편집 비평가의 관심사를, 곧 복음서 저자들이 각자의 이야기가 더 잘 이해되도록 이야기를 구성한 정확한 방식을 탐구해야 한다는 주장을 무시하라는 뜻이 아닙니다. 그게 아닙니다. 오히려 이러한 탐구는 복음서 연구에 매우 유익합니다. 저는 편집 비평이 생겨나기 전부터 지금까지도 편집 비평가입니다. 제 말은 편집 비평이란 용어가 사용되기 전부터 그랬다는 뜻입니다. 되돌아보면, 멀게는 1949년 어느 선배 신약학자가 한 학회에서 논문을 발표하면서 누가복음과 수난 내러티브는 전적으로 누가가 자신의 자료들을 '자르고 붙인 것'이라는 가설을 설명했을 때 저는 이미 편집 비평가였습니다.

그때 토론에서, 저는 지금 우리 손에 들린 이야기의 형태는 누가 자신이 그 이야기에서 보았고 자신의 독자가 그 이야기에서 포착하길 바랐던 특정한 신학적 강조점 때문일 거라고 했습니다. 그런데 이튿날, 지금 편집 비평이라 불리는 것을 이미 1936년에 탐구하기 시작했던 라이트풋(R. H. Lightfoot) 교수가 저를 찾아왔습니다. 놀랍게도 그분은 제가 선지자라도 된 것처럼 말했습니다. 제가 그때까지 그분이 내내 연구해 온 것들을 말하고 있었기 때문입니다.

물론, 편집 비평은 이제 복음주의 성경 연구자 모두에게 친숙해졌습니다. 본문을 주의 깊게 살피기만 해도, 복음서 저자마다 자신만의 앵글과 강조점이 있고, 자신의 강조점을 돋보이게 하려고 자신의 자료를 선택하고 배열했다는 것을 알 수 있습니다. 이 부분에 관해서는 우리에게 실제로 새로운 게 전혀 없습니다. 그렇다면 왜 제가 이 부분을 이렇게 강조할까요? 제 자신에게 다음과 같이 말할 근거를 제시하기 위해서입니다. 복음서를 복음 제시로 읽을 때, 사복음서 모두에서 내레이터의 목적이 분명하게 나타납니다. 특히 요한복음 20장 31절은 그 목적을 이렇게 말합니다. "오직 이것을 기록함은 너희로" 사람이신 "예수께서 하나님의 아들 그리스도이심을 믿게 하려 함이요 또 너희로 믿고 그 이름을 힘입어 생명을 얻게 하려 함이니라." 이것은 복음, 곧 신약성경 나머지 전체의 기독론적 메시지와 완전히 일치합니다.

2. 신약성경의 예수님

아주 놀랍게도, 신약성경의 여러 책이(저는 지금 단순히 내러티브인 복음서들이 아니라 서신서들을 생각하고 있습니다) 아주 다양한 개념과 아주 다양한 방식을 사용해 진리를 표현하면서도 모두 같은 핵심, 정확히는 방금 인용한 요한복음 말씀이 말하는 핵심으로 수렴됩니다. 예수님은 그리스도요 하나님의 아들이시며, 우리가 이렇게 선포하는 이유는 이 선포를 듣는 사람들과 읽는 사람들이 그분의 이름으로 생명을 얻게 하기 위해서입니다.

다음은 제가 하겠다고 말씀드린 두 번째 일입니다. 저는 여러분에게 사람이신 그리스도 예수의 위격과 위치에 관한 신약성경 전체의 믿음을 최대한 간결하게 요약해 제시하려 합니다. 저도 제가 지나치게 단순화한다는 것을 아주 잘 압니다. 마치 만화를 그리듯이 그림에서 부수적인 숱한 부분을 제쳐두고 핵심을 강조한다는 것을, 어쩌면 지나치게 강조한다는 것을 저도 잘 압니다. 만화가들이 이렇게 합니다. 그러나 여러분이 만화를 소중한 예술 형식이라 생각하신다면, 제가 다음 섹션에서 하려는 일을, 예수님의 위격과 위치에 관한 신약성경의 믿음을 만화가 스타일로 단순하게 요약하는 것을 용납해 주시기를 구합니다.

본질적으로, 제가 보기에 예수님의 위격에 관한 신약성경의 가르침은 넷으로 귀결됩니다.

a. 예수는 메시아다

나사렛 예수는 하나님이 약속하신 그리스도, 곧 오랫동안 예언된 메시아입니다. 헬라어 '크리스토스'(chrīstós)는 히브리어 '마시아흐'(mašiah, 메시아)에 해당됩니다. 물론, 메시아는 패커나 낙스 같은 성(姓)이 아닙니다. 메시아는 이보다 훨씬 의미 깊습니다. 메시아는 장로교인이 말하듯이 역할 칭호(office title)입니다. 메시아는 문자적으로 '기름 부음 받은 자'(the Anointed One)라는 뜻입니다. 메시아는 하나님이 약속하신 구주-왕(Savior-King)을 가리킵니다. 십자가에 못 박혔고 죽은 자 가운데서 다시 살아난 갈릴리 랍비가 그리스도, 곧 오랫동안 예언된 하나님의 메시아라는 것이 언제나 기독교의 기본 확신이었으며, 신약성경의 모든 가닥이 이것을 표현합니다.

예수가 그리스도이심을 드러내는 것, 이를 논증하는 것이 공관복음의 구상입니다. 이를 선언하는 것이 사도행전에 실린 여러 설교의 핵심 주제입니다. 이를 설명하는 것이 서신서의 주요 주제 가운데 하나입니다.

실제로, 메시아께서 도저히 이해할 수 없는 적대감에 에워싸여 지상 사역을 완수하고 죽어 부활하셨다는 것이 사복음서 전체의 줄거리입니다. 예수님이 자신에게 붙이신 '인자'(Son of God)라는 신비로운 칭호와 오순절 때부터 그분에게 붙여진 '주'(Lord)라는 칭호가 무엇보다도 그분의 메시아적 통치의 실재를 가리킨다고 오늘날 학계에서 널리 받아들여지고 있습니다.

예수님의 메시아 개념은 유대인의 기대에 들어맞지 않았습니다. 예수님의 메시아 개념에는 종말론적 하나님 나라에 대한 그분의 시각이 투영되었는데, 예수님은 자신의 사역을 통해 그 나라가 도래했다고 하셨습니다. 주님은 이 나라를 이전 그 어느 유대교 교사와도 다른 방식으로, 회개하는 죄인과 이들의 하늘 아버지와의 새로운 관계로, 곧 죄인이 그분을 자신의 주권적 구주로 믿고 그분께 자신을 드림으로써 성취되는 관계로 보셨습니다. 예수님은 자신이 그 나라의 주 되심(lordship)은, 이

사야서 53장에 따라 자신이 다른 사람의 죄를 위해 죽었다가 다시 살아남으로써 옳다고 인정받는 무죄한 자, 즉 하나님의 고난 받는 종이 되라는 부르심에 근거한다고 보셨습니다.

칼뱅(John Calvin)은 예수님이 구약성경에서 기름 부음 받은 사람들이 수행했던 세 직무, 곧 하나님의 메시지를 전달하는 '선지자'와 하나님께 제사를 드리는 '제사장', 하나님의 백성을 다스리는 '왕'의 직무를 수행하셨다고 말하면서, 메시아직에 관한 예수님의 생각과 메시아의 역할에 대한 신약성경 전체의 시각을 잘 요약했습니다. 세 직무 모두를, 예수님은 그분의 사역과 삶과 부활 후 통치에서 하나의 포괄적 직무로 수행하셨습니다.

나사렛 예수가 그리스도라는 선포에 기독교의 핵심 주장이 담겨 있습니다. 곧 역사를 정확히 이해하는 데는 갈릴리 사람 예수가 매우 중요하며 필수라는 것입니다. 구약성경의 예언에 따르면, 하나님의 메시아와 그 메시아가 다스리는 나라(다윗의 자손이 다윗의 나라보다 더 큰 나라를 다스리십니다)만이 나머지 모두에 의미를 부여하는 세상 역사의 중심이고 심장이며 더없이 중요한 개념입니다. 나사렛 예수께서 오심으로써 이 나라가 도래했다는 것이 신약성경의 한결같은 증언입니다.

그러므로 이것이 예수님의 위격과 위치에 관한 신약성경의 믿음을 이루는 첫째 가닥입니다. 나사렛 예수가 그리스도이시며, 그분이 그리스도, 곧 메시아시라는 것은 바로 이런 뜻입니다. 둘째, 신약성경은 나사렛 예수가 유일한(unique) 하나님의 아들이라고 말합니다.

b. 예수는 하나님의 아들이다

첫 세 복음서와 사도행전에는 '하나님의 아들'을 메시아에 대한 존경의 칭호로 본다고 할 만한 곳들이 있습니다. 그리고 '하나님의 아들'이란 표현의 출처는 하나님이 "너는 내 아들이라 오늘 내가 너를 낳았도다"라고 말씀하신 시편 2편 7절(본래 이스라엘 왕을 가리켜 하셨던 말씀으로 보입니다)입니다. 그런데 서신서와 요한복음에서 언급하는 '하나님의 아들'은 아들과 아버지의 특별한 연대 관계를, 계시적 기능뿐 아니라 세상을 창조하고 유지하며 화해시키고 통치하며 새롭게 하시는 아버지의 일에 참여하는 것까지 포함하는 관계를 의미하는 듯합니다.

하나님의 아들 예수의 계시적 기능에 관해서는 요한복음 1장 18절을 생각해 보십시오. "본래 하나님을 본 사람이 없으되 아버지 품속에 있는 독생하신 하나님이 나타내셨느니라." 이것이 헬라어 동사가 문자적으로 표현하는 것이며, 예수님이 우리에게 주신 설명입니다. 아들이 아버지에 대해 하신 설명입니다. 독생자께서 아버지를 설명하셨습니다.

아들께서 아버지의 창조 사역과 구속 사역에 참여하시는 것에 관해서는 히브리서 첫 부분을 생각해 보십시오. 아버지께서 이제 아들 안에서, 아들을 통해 말씀하셨습니다. 이 아들은 하나님의 영광의 광채이며 그분의 분명한 형상이고, 이 아들을 통해 아버지께서 세상을 지으셨습니다. 이 아들이 우리의 죄를 친히 씻으셨고 높은 곳에 계신 지극히 크신 분의 오른편에 앉으셨습니다(참조. 히 1:1-3). 창조 사역과 구속 사역에 이러한 아들과 아버지의 연대가 있습니다.

분명히, 첫 세 복음서에 자신이 아버지와의 관계에서 아들로서 특별한 정체성을 가지는 것을 아신다는 예수님의 증언이 있습니다. 이러한 본문이 많은데 하나만 예로 들자면, 예수님은 이렇게 말씀하십니다. "아버지께서 모든 것을 내게 주셨으니 아버지 외에는 아들을 아는 자가 없고 아들과 또 아들의 소원대로 계시를 받는 자 외에는 아버지를 아는 자가 없느니라"(마 11:27; 눅 10:22). 예수님은 자신을 아들로, 비할 데 없는 유일한 아들로 보십니다. 물론 하늘에서 들려온 소리, 예수님이 세례를 받으실 때와 변화산에서 변화되실 때 났던 소리도 똑같이 증언합니다. "이는 내 사랑하는 아들이요"(마 3:17; 17:5). 사전적으로, '사랑하는'(beloved)으로 번역된 단어의 의미에는 유일성(uniqueness, 특별함)이란 뜻도 있습니다.

삼위일체 안에서 위격 간의 차이(personal distinctions)는 인간의 지성이 이해하기 가장 어려운 개념입니다. 이 개념은 4세기에 와서야 제대로 정립되었습니다. 그러나 처음부터 그리스도인들은 예수님이 진정한 의미에서 육신이 되신 하나님의 아들이시며 따라서 그분을 예배해야 한다고 믿었습니다.

여기에도 기독교의 핵심 주장이 있습니다. 진정한 인간 이해뿐 아니라 진정한 하나님 이해에서도 예수 그리스도, 갈릴리 사람 예수가 중심이며 필수라는 것입니다. 예수님은 참으로 완전하고 이상적인 사람입니다. 그러나 이것이 이야기의 전부가 아니며, 이야기의 첫 부분도 아닙니다. 이야기의 첫 부분은 이 사람 예수에게서 우리를 구원하러 사람으로 오신 하나님을 우리가 본다는 것입니다. 우리가 기독교를 하나님에 관한 것이라 생각하려면 마이클 램지(Michael Ramsey)가 세 단어로 잘 표현한 이치에서 시작해야 합니다. 예수님은 하나님이시기 때문에 "하나님은 그리스도와 같다"(God is Christ-like).[1]

사람이신 그리스도 예수에 대한 신약성경의 증언에서 둘째 가닥은 이것입니다. 그분은 메시아(그분의 직무)이시며, 하나님의 아들(개인적 신분)이십니다.

---

1) Arthur Michael Ramsey, *God, Christ and the World* (London: SCM Press, 1969), 98.

c. 예수는 아버지께 가는 유일한 길이다

이것은 나사렛 예수에 관한 신약성경의 셋째 주장으로 이어집니다. 그 셋째 주장은 예수는 아버지께 가는 유일한 길이라는 것입니다. 예수님은 우리가 창조자 하나님을 아버지로 알게 되고 아버지이신 그분과 관계를 가지며 이로써 우리 자신을 그분의 가정에 속한 자녀로 보게 하는 유일한 길입니다. 여기서 우리는 당장에 이렇게 말할 수 있습니다. 예수님의 가르침, 바울의 가르침, 요한의 가르침의 핵심 주제는 기독교의 핵심 주장, 곧 우리가 오직 나사렛 예수를 통해 하나님의 사랑을 진정으로 알 수 있다는 주장에 기초합니다.

신약성경은 우리를 지으신 분을 우리 아버지로 아는 것과 우리 자신을 그분의 자녀요 상속자로 아는 것을, 인간이 가질 수 있는 최고의 특권이자 가장 부요한 관계라고 봅니다. 하나님을 이렇게 알지 못하는 것은 타락과 죄책의 상태에 있다는 뜻이며, 하나님의 생명에서 끊어진 것이고, 그분의 심판에 노출되어 있으며, 실제로 비극만 낳는 귀신의 지배를 받으며 사는 것입니다. 신약성경은 이것이 모든 사람의 육적 상태라고 말합니다. 우리는 묻습니다. 이런 상태가 바뀔 수 있습니까?

예수님은 이렇게 말씀하시면서 이 질문에 긍정적으로 답하십니다. "내가 곧 길이요 진리요 생명이니 나로 말미암지 않고는 아버지께로 올 자가 없느니라"(요 14:6). 예수님은 마치 이렇게 말씀하신 것 같습니다. "그렇다. 너희와 하나님의 부모-자녀 관계는 나와의 관계를 통해, 나의 중보 사역을 통해 가능할 뿐 다른 방법은 없다."

하나님의 자녀 됨은, 우리가 영화롭게 되리라고 보장한다는 의미에서, 자연적(육적)인 삶의 당연한 현실이 아니라 초자연적 은혜의 선물입니다. 요한은 자신의 복음서 서두에서 했던 한 설명에서 이렇게 말합니다. "영접하는 자 곧 그 이름을 믿는 자들에게는 하나님의 자녀가 되는 '권세'(right)를 주셨으니"(요 1:12). 여기서 '권세'란 능력이나 특권을 말합니다. 따라서 자녀가 되게 하셨다는 것이 베드로전서 3장 18절에 대한 적절한 설명입니다. "그리스도께서도 단번에 죄를 위하여 죽으사 의인으로서 불의한 자를 대신하셨으니 이는 우리를 하나님 앞으로 인도하려 하심이라." 주님은 우리를 자녀로서 하나님 앞으로 인도하려 하신 것입니다. 우리를 하나님이 입양하신 자녀로서 그분 앞으로 인도하려 하신 것입니다.

우리를 위해 죽으신 독생자께서 그분의 형제자매로서 우리를 아버지께 드리셨습니다. 그래서 우리가 하나님의 가정에 입양되며, 우리 죄인들이 이를테면 도덕적·영적 수렁에서 건짐을 받아 왕가의 자녀가 됩니다.

그러므로 예수님은 하나님을 아버지로 아는 길이요, 유일한 길입니다. 하나님의 사랑을 참으로 안다는 것은 "하나님이 세상을 이처럼 사랑하사 독생자를 주셨으니 이는 그를 믿는 자마다 멸망하지 않고 영생을 얻게 하려 하심이라"라는 말씀을 아는 것과 연결됩니다(요 3:16). 여기서 '영생'은 죄용서뿐 아니라, 넓고 일반적인 의미에서 하나님과의 교제 및 아주 정확하게는 왕가에 입양되는 것을 포함하고, 하나님이 사랑으로 우리를 입양하신 목적, 곧 우리가 하나님의 자녀요 상속자로 사는 것까지 포함합니다.

자녀 됨(sonship) 외에는, 하나님과의 그 어떤 관계도 구원을 주지 못합니다. 하나님의 자녀만이 구원의 상속자이기 때문입니다. 그러므로 신약성경은 말합니다. 우리의 입양을 유효하게 하시는 예수님 외에 "천하 사람 중에 구원을 받을 만한 다른 이름을 우리에게 주신 일이 없음이라"(행 4:12). 그러므로 셋째 주장은 배타적입니다. 나사렛 예수는 아버지께 가는 유일한 길입니다.

d. 예수는 유일한 소망이다

넷째 주장이자 마지막 핵심은 나사렛 예수가 누구에게나 유일한 소망이라는 것입니다. 성경이 알고 우리가 알듯이, 소망이 없는 상태는 말 그대로 지옥입니다. 우리가 어떤 역할을 수행하고 어떤 목적을 이루도록 하나님이 우리를 지으셨는데, (웨스트민스터 소요리문답에 나오듯이) "사람의 제일 되는 목적은 영원히 하나님을 영화롭게 하고 기뻐하는 것"입니다. 그래서 하나님은 우리를 소망이 곧 생명인 피조물로 지으셨습니다. 그러므로 우리에게 기대할 만한 선한 것이 전혀 없을 때 우리의 삶은 살아 있으나 죽은 것입니다.

서구 포스트-기독교 세계의 깊은 절망이 우리를 옥죄고 있습니다. 우리는 이것을 갈수록 강하게 느낍니다. 그래서 왕성하고 열정을 일으키며 활력을 불어넣는 소망, 신약의 기독교에 널리 퍼져 있으며 아버지의 임재 가운데 예수님과 함께하는 기쁨의 소망이 우리 삶에서 갖는 무한한 가치를 우리는 더욱 잘 알 수 있습니다.

그리스도가 없는 사람은 소망이 없습니다. 그러나 그리스도인은 이미 소망이 있으며 완전한 날까지 더 밝게 빛나는 빛 가운데 삽니다. 바울이 말하듯이, 그리스도인은 "너희 안에 계신 그리스도 … 곧 영광의 소망"을 압니다(골 1:27). 전에 기독교는 "잘 알려진 주민들이 사는 알려지지 않은 세계"이라고 멋지게 불렸는데, 안타깝게도 이제는 그런 말을 거의 듣지 못합니다. 신약성경은 그리스도인에게 바로 이런 세상을 고대하라고 가르칩니다. 어느 찬송가 가사처럼 "어린양이 임마누엘 땅의 모든 영광"이시며 임마누엘 땅의 소망은 복음의 영광의 일부이기 때문입니다.[2]

여기 넷째 가닥이 있습니다. 여기에서 그리스도에 대한 신약성경의 증언이 확장됩니다. 물론 주님의 재림에 대한 소망이 이 설명에 매우 두드러진 요소로 포함되어야 합니다. 오실 왕 나사렛 예수는 누구에게나 유일한 소망입니다. 이 네 가지 주장 위에, 예수님의 위격과 위치에 관한 이 네 증언 위에, 즉 그분이 그리스도이고 하나님의 아들이며 하나님께 이르는 길이고 인간의 참되고 유일한 소망이라는 이 증언 위에, 칼케돈 공의회가 제시한 고전적 기독론과 고전적 복음주의 설교가 자리합니다. 왜냐하면 오로지 이 기초 위에서 우리는 사람들에게 기독교는 곧 그리스도이며, 그리스도인이 된다는 것은 곧 사람이며 하나님이신 구주(personal divine Savior)와의 인격적인 만남과 인격적인 관계를 갖는 문제라고 말할 수 있기 때문입니다.

여러분과 저는 이러한 가르침에 익숙합니다. 그래서 사람들이 교회 안에서 이런 가르침에 의문을 제기할 거라고 전혀 생각하지 못했겠지만, 실제로 의문이 제기됩니다. 이제 우리는

---

2) Anne R. Cousin, "The Sands of Time Are Sinking"(1857).

이러한 가르침에 의문을 제기하는 사고방식을 살펴보려고 합니다. 이어서 구주에 대한 신약성경의 증언을 받아들이지 말고 그 대안으로 자신을 받아들이라고 말하는 인본주의 기독론을 살펴보고자 합니다.

3. 현대 인본주의가 보는 예수

이번에도 어쩌면 지나치게 단순화하고 만화처럼 표현할까 두렵습니다. 그렇지만 예를 들면 『하나님의 성육신은 신화다』라는 책이나 모리스 와일스(Maurice Wiles)의 『다시 쓰는 기독교 교리』(Remaking of Christian Doctrine)에 나타난 인본주의 기독론을 간략하게 소개하겠습니다. 저의 관심사는 인본주의 기독론의 특정 지지자(인본주의 기독론을 지지하는 사람이 많으며, 저마다 강조점이 조금씩 다릅니다)와 싸우는 게 아니라 이 가설이, 일반적으로 볼 때 어떻게 작동하는지 여러분에게 보여 주는 것입니다.

성경: 신뢰성과 재구성

인본주의 기독론은 일반적으로 같은 형태를 가지며 기본적으로 같은 방식으로 작동합니다. 저는 두 '아 프리오리'(a priori), 곧 인본주의 기독론을 취하는 신학자들이 당연하게 여기고 다루는 두 전제에서 시작하겠습니다.

첫 번째는 성경, 특히 신약성경이 기록된 하나님의 계시가 아니라 종교책, 곧 경험과 믿음의 책이라는 주장입니다. 그들은 성경은 단지 믿음의 책이며, 따라서 성경에 기록된 사실이나 성경이 이 사실들에 부여하는 의미와 관련해 성경이 반드시 신뢰할 만한 자료는 아니라고 말합니다. 성경의 증언들 하나하나가 반드시 정확하지는 않으며 반드시 진실하지도 않고, 마찬가지로 성경의 그 어느 가르침도 반드시 결정적이지는 않다는 것입니다.

두 번째는 초자연적인 것들과 기적들과 특별한 사건들을 제하고 과거를 재구성하는 편이 이들을 포함하고 과거를 재구성하는 것보다 낫다는 주장입니다. 여기에는 기독교의 과거와 기원을 다루는 부분이 포함되며 신약의 책들에서 기독교의 기원에 관해 제시되는 증거에 관한 설명이 포함됩니다.

이 두 '아 프리오리'가 인본주의 기독론이 시작되는 도약대 역할을 합니다. 이를 토대로, 학자들은 먼저 역사의 예수, 곧 그들이 재구성하려는 인물을 신약성경의 믿음의 대상인 그리스도로부터 자유롭게 분리할 수 있다고 느낍니다. 바꾸어 말하면, 이들은 신약성경에서 믿음의 대상이 되는 그리스도가 역사의 예수를 실제로 충실하게 그려 내는지에 관해 자유롭게 의문을 제기할 수 있다고 여깁니다.

다음으로는 그들이 자연스럽다고 여기는 것을 분리합니다. 다시 말해 주 예수의 윤리적 가르침과 도덕적·영적 본보기를 그들이 이야기에서 초자연적이라 여기는 부분으로부터 분리합니다. 그분의 기적과 부활과 성육신, 곧 아들의 성육신에 관한 기록을 분리하는 것입니다.

이들은 질문을 던집니다. 역사의 예수를 재구성하면서 이러한 초자연적 요소를 포함시켜야 하는가? 예수는 선하고 경건하며 성령이 내주하는 사람으로서 특별히 가치 있는 가르침을 주고 특별히 의미 있는 본을 보였다고 말하는 것 외에 더 해야 할 말이 있는가? 이러한 질문에서 우리가 인본주의 기독론이라고 꼬리표를 붙인 가설이 나오는데, 인본주의 기독론은 일반적으로 이렇게 주장합니다. 엄밀히 말해, 예수는 하나님이 그 속에 거하셨던 예언자였고, 이전의 누구도 말하지 않았던 것을 말했으며, 이전의 누구와도 비교할 수 없는 삶을 살았던 사람인데, 추종자들이 그를 초자연적 존재로 만들어 버렸다고 말입니다. 추종자들이 그의 가르침과 삶에 나타난 능력 때문에 그를 너무나 존경한 나머지 기적을 그에게 돌렸고 신성을 그에게 돌렸으며 그가 죽은 자 가운데서 다시 살아났다고 선포했다는 것입니다. 추종자들이 예수가 이렇게 했다고, 틀림없이 이렇게 했다며 스스로를 설득했다는 것입니다. 그들은 4세기 마케도니아 철학자 유헤메로스(Euhemerus)가 헬라 신에 관해 제시한 견해, 곧 헬라 신은 다만 죽은 후에 숭배된 인간들이었다는 견해처럼 예수의 경우도 그와 같다고 말합니다.

따라서 이 학자들은 예수를 초자연적 존재로 만든 것은 헬라 신비종교의 영향이었으며, 모든 헬라 신비종교의 중심에는 어떤 신에 관한 신화와 그 신과의 접촉에 관한 약속이 있다고 단언합니다. 그리고 이와 똑같은 사고 패턴을 기독교 신학자들이 취했고, 그래서 신약이 우리에게 제시하는 발전된 신학, 곧 기독론이 생겨났다고 말합니다.

그러니까 신약의 신학과 이것을 따른 기독교 전통은 예수를 신격화하고 중보자로 만들면서 우리와 다른 특별한 존재로 구분함으로써 큰 실수를 저질렀다는 것입니다. 그러므로 이러한 실수를 제거하기 위해 복음을 재구성해야 한다고 말합니다. 이 문제의 진실은 예수는 다만 특별히 경건하고 특별히 성령의 인도와 조명을 받은 사람이었으며, 예수가 우리에게 의미 있는 것은 그가 놀랍도록 영감을 주었고 참으로 삶을 변화시키는 방식으로 경건을 가르쳤으며 경건의 본보기였고 따라서 예수를 생각하는 사람은 변하지 않을 수 없기 때문이라고 주장합니다.

이 이론가들은 이런 식으로 예수의 유일성(uniqueness, 특별함)에 관한 기독교적 의미를 보존하려 합니다. 그들에 따르면 예수는 성육한 하나님의 아들이 아닙니다. 예수는 특별히 강력한 삶을 살았고, 그래서 그의 삶을 접하는 사람들에게 특별히 강하고 특별히 변화를 일으키는 영향을 미친 사람입니다.

예수: 사람인가 신화인가?

이것이 이 가설의 개요입니다. 『하나님의 성육신은 신화다』의 공동 저자들은 이 가설을 장마다 조금씩 다르게 제시합니다. 첫째 강연에서 말했듯이, '신화'(myth)라는 용어는 세상과 인간에 대한 이해를 제시하는 상상 속 이야기, 곧 시공간에서 일어나는 객관적 사실이 아니라 창의적 상상력의 산물을 의미합니다. 이 학자들에 따르면, 성육신 신화가 고안된 것은 예수의 첫 제자들의 경우 예수와 접촉함으로써, 이들의 첫 회심자의 경우 예수를 알게 됨으로써 자신의 뿌리까지 변화된다는 의미를 설명하기 위해서라고 합니다.

따라서 이들이 '신화'라는 단어를 사용하는 이유는 사람들의 마음에서 예수를 깎아내리기 위해서가 아니라, 오히려 신약 신학의 가장 큰 관심사는 예수라는 인물이 첫 제자들에게 끼쳤고 지금도 끼치는 영향에 있다는 사실을 지적하기 위해서라고 말합니다. 그리고 신약이 여전히 상당히 가치 있는 이유는 이러한 영향을 계속 끼치는 매개체이기 때문이라고 말합니다.

그러나 우리가 이 책의 공동 저자들에게 실제로 역사의 예수가 무엇이었느냐고 묻는다면 이들은 서로 다르게 답합니다. 예를 들면, 존 힉은 예수는 우주의 신적 '로고스'(cosmic divine *Logos*)가 구원자로 나타난 수많은 사례 중 하나였다고 말합니다. 힉은 부처를 비롯해 역사에 등장했던 위대한 종교 선생들과 예수를 한 부류로 묶어야 한다고 말합니다. 그의 말을 인용해 보겠습니다. 제가 인용하는 그의 말을 들으면 숨이 멎을지도 모릅니다. 그러나 제가 단지 그의 말을 인용할 뿐이라는 것을 알아주시면 좋겠습니다. 그는 이렇게 말합니다. "우리는 구원받는 모두가 나사렛 예수를 통해 구원받는다고 말할 수 없다."[3] 그의 말은 앞서 인용한 사도행전 4장 12절과 다릅니다. "천하 사람 중에 구원을 받을 만한 다른 이름을 우리에게 주신 일이 없음이라."

모리스 와일스는 이 문제를 이렇게 설명합니다. 그는 인간 예수가 여전히 영혼을 향한 하나님의 신비로운 계시의 초점으로, 영혼에 대한 하나님의 압력으로 작동하며, 이로써 하나님은 자

---

[3] John Hick, The Myth of God Incarnate, ed. John Hick (London: SCM Press, 1977), 181.

신이 거기 있으며 우리를 비롯해 모든 사람을 향해 선의를 품고 있다는 확신을 우리에게 준다는 것입니다. 모리스 와일스는 일종의 이신론자(deist)로 보이며, 그의 신론 전체가 그렇게 보입니다. 그러나 그는 이러한 의미가 예수를 통해 전달된다고 믿습니다. 그의 말도 인용하자면, 그래서 그는 이렇게 말합니다. 성육신 교리를 포기하더라도 "자신을 희생하는 하나님의 사랑이라는 진리와 이 비전을 세상에서 실현하는 예수의 역할은 남을 것이다."[4]

그의 말은 요한일서 4장 10절과 맞지 않습니다. 여기서 사도 요한은 "하나님은 사랑이시라"(8절)는 자신의 선언을 이렇게 설명합니다. "사랑은 여기 있으니 우리가 하나님을 사랑한 것이 아니요 하나님이 우리를 사랑하사 우리 죄를 속하기 위하여 화목제물로 그 아들을 보내셨음이라." 전혀 맞지 않습니다. 와일스에 따르면, 그래도 하나님의 사랑의 메시지가 여전히 전달됩니다.

『하나님의 성육신은 신화다』의 공동 저자들 중에 이 부분에서 가장 강경한 사람은 돈 큐핏(Don Cupitt)과 데니스 나인엄(Dennis Nineham)인데, 이들은 마치 예수의 의미는 『철도의 역사』(*History*

---

[4] Hick, The Myth of God Incarnate, 9.

of Railways)에 나오는 조지 스티븐슨(George Stephenson)과 같다고 말하는 듯합니다. 다시 말해, 예수는 모든 것을 시작한 사람이라고 말입니다. 예수가 하나님에 대한 체험을 시작했고, 이것이 교회에서 대대로 전해져 내려왔다는 것입니다. 그러나 예수의 의미는 분명히 역사적일 뿐이며 말세를 사는 우리와 직접적으로 관련이 없는데, 마치 이는 현재 철도 체계를 설계하는 사람이 과거로 돌아가 조지 스티븐슨을 연구할 필요가 없다는 맥락과 같습니다. 좋습니다. 제가 이들의 말을 인용하는 것은 이들을 오도하기 위해서가 아닙니다. 이러한 기독론이 우리 모두가 묻고 싶은 "그렇다면 오늘 우리에게 예수님은 어떤 중요한 의미가 있습니까?"라는 질문의 견지에서 어떻게 작동하는지 보여 주기 위해서입니다.

신약성경: 사실인가 허구인가?

우리는 이러한 형태의 생각에, 이러한 인본주의 기독론에 대해 뭐라고 말해야 할까요? 저는 이것을 지지하는 이들의 진실성이나 학식에 한순간도 의문을 제기하지 않습니다. 그러나 저는 이들이 현대에 유행하는 편견에 사로잡혀 자신의 사고방식을 결정한, 당대의 사람으로 스스로를 드러내는 것이라고 생각합니다.

첫째, 우리 모두에게 아주 분명한 사실은, 이 견해는 사도적 기독교를 완전히 무너뜨리는 것이며, 우리에게 신약성경이 제시하는 구원자를 남겨 두지 않습니다. 여기에는 시간을 할애할 필요가 없을 것 같습니다. 둘째, 이 견해는 '증거를 자의적으로 무시하는 것처럼' 보입니다. 핵심을 분명히 하기 위해 여기에는 시간을 할애하겠습니다. 핵심은 셋으로 세분됩니다.

첫째, 20세기에 제임스 데니(James Denney), 에드윈 호스킨스 경(Sir Edwyn Hoskins), 오스카 쿨만(Oscar Cullmann), 찰스 몰(Charles Moll) 교수, A. M. 헌터(Hunter) 교수, F. F. 브루스(Bruce) 교수를 비롯해 많은 학자들이 예수님이 자신에 관해 하신 초월적 주장들이 가장 초기 공관복음 자료에 있었다는 사실을 매우 설득력 있게 증명했습니다. 아무리 이른 시기로 거슬러 올라가 지금 수용되는 비평 기법들을 사용해서 복음서 자료를 분석한다 하더라도, 우리는 거기서 나사렛 예수께서 오직 하나님만이 요구하실 권리가 있는 충성을 요구하시며, 그 충성을 하나님을 섬기는 한 부분으로써 사람에게 배타적으로 요구하시는 모습을 보게 됩니다.

요즘 요한복음이 후기 저작이 아니라 초기 저작이라는 가설이 거세지고 있는데, 이 가설을 받아들이면 나머지 초기 복음서에 있는 것과 같은 종류의 자료가 요한복음에도 훨씬 많아질 것입니다. 그러나 요한복음을 더 이른 시기의 저작으로 본다면, 이 자료의 그 어느 부분도 진짜라고 믿기가 더 어려울 것입니다.

둘째, 존 로빈슨(John Robinson)은 『신약의 저작 시기 재설정』(*Redating the New Testament*)에서, 신약 전체가 주후 70년 이전에 기록된 것은 아니지만(그는 이것을 증명할 수 없고 증명했다고 생각하지도 않습니다), 신약의 어느 책이든 주후 70년 이후에 기록되었다고 생각하는 것은 자의적이고 불필요하다고 했습니다.[5] 신약의 어떤 책이 늦은 시기에 기록되었다고 전제한 다음, 그 전제가 아니고서는 설 수 없는 이론을 받아들인다면 그것은 자의적이라고 말입니다.

이 인본주의 기독론이 가정하듯이, 신약이 기록되기 전에 예수가 대중적으로 잘못 기억되거나 잊혔다가 재구성되었다고 가정한다면, 이 과정이 일어나기 위해서는 한 세대보다 훨씬 긴 시간이 필요합니다. 주후 70년 이전에는 이런 일이 일어날 시간이 없습니다. 그 사실을 뒷받침하는 증거로 한 예를 들자면, 저는 지금(1978년 현재) 52세인데, 1939년에 일어난 2차 세계대전을 잘 기억할 수 있습니다. 여러분 가운데도 2차 대전을

---

5) John A. T. Robinson, *Redating the New Testament* (London: SCM Press, 1976).

기억할 수 있는 사람이 많을 것입니다. 40년이 채 안 되는 시간 간격도 똑같습니다. 이러한 사실이 인본주의적 기독론을 매우 강하게 반박합니다.

셋째, 역사적 관점에서 신약의 기독교는 빈 무덤이 있었다는 사실을 빼고는 설명할 수 없습니다. 부활하신 주님이 여러 차례 나타나셨고, 초기에 사람들은 주님이 자신과 인격적으로 함께 계심을 알았습니다. 결과에 적합한 원인을 제시해야 한다는 것이 역사적 사고의 원칙입니다. 여기서 우리가 설명하려는 결과는 변화된 삶과 예수님의 부활을 증거하기 위해 기꺼이 살고 또 죽으려는 사람들입니다. 사실 사도행전의 내러티브가 처음부터 있었다고 말하는 빈 무덤, 예수님의 부활 후 나타나심, 성령 강림을 통해 예수님의 임재를 느낀 일을 제외한 후 이런 결과를 낼 만한 다른 어떤 원인을 가정하는 것은 빈약한 역사적 추론으로 보입니다.

그러나 인본주의 기독론의 주장에 따르면, 육체의 부활은 없었습니다. 사람들이 보았다고 생각했던 예수의 부활 후 모습은 환각이었고, 환각이어야 했으며, 예수의 임재에 대한 의식이 어디서 왔는지는 누구라도 짐작할 수 있다는 것입니다. 초기 기독교의 혁명적이고 변화를 일으키는 역동적 결과를 설명하기에는 다소 초라한 가설이라고 생각하지 않습니까? 그러므로 저는 우리가 인본주의 기독론자의 회의주의에 심히 회의적인 태도를 취하는 것은 우리의 지적 정직성을 포기하는 게 아니라고 생각합니다.

4. 예수: 아들이자 구주

이제 제가 마지막으로 말하고 싶은 것을 짧게 전하겠습니다. 히브리서에 나타난 예수님의 인성입니다. 히브리서가 말하는 사람이신 그리스도 예수와 인본주의 기독론이 말하는 인간 그리스도 예수를 비교해 보시기 바랍니다. 히브리서는 사람이신 그리스도 예수를 어떻게 제시합니까? 왜 이렇게 제시합니까? 히브리서는 두 가지를 단언합니다. 첫째, 선재하신 하나님의 아들이 살과 피를 취해 사람이 되셨는데, 이것이 예수님의 정체성에 관한 진짜 비밀이라는 것입니다. 예수님은 이런 분입니다. 둘째, 하나님의 아들이 살과 피를 취하신 것은 그분의 형제들을 구원하기 위해서였습니다.

바꾸어 말하면 히브리서는 성육신을 단언할 뿐 아니라, 구원 사역의 수단으로서 성육신을 단언합니다. 히브리서 1-2장을 보십시오. 히브리서 저자는 1장 6절에서 하나님이 그분의 "맏

아들을 이끌어 세상에 다시 들어오게" 하셨다고 말합니다. 2장에서는 시편 8편을 인용합니다. "사람이 무엇이기에 주께서 그를 생각하시며." 그리고 이렇게 말합니다. "지금 우리가 만물이 아직 그에게 복종하고 있는 것을 보지 못하고." 예수님이 어떻게 오십니까? 왜 오십니까? 예수님은 그분의 구원 사역을 통해 이러한 지배 유형을 전형적으로 성취하는 사람으로 오십니다. "천사들보다 잠시 동안 못하게 하심을 입은 자 곧 죽음의 고난 받으심으로 말미암아 영광과 존귀로 관을 쓰신 예수를 보니 이를 행하심은 하나님의 은혜로 말미암아 모든 사람을 위하여 죽음을 맛보려 하심이라"(9절).

조금 더 읽어 보겠습니다. 이 예수는 누구였습니까? 그분은 사람들을 자신에게로 이끌고 이들이 자신의 형제자매로서, 자신이 맏형인 가정에서 하나님의 자녀로서 영광에 이르게 하기 위해 친히 사람의 혈과 육을 취하신 하나님의 아들이었습니다. 히브리서 2장 14-15절은 이렇게 말합니다. "자녀들은 혈과 육에 속하였으매 그도 또한 같은 모양으로 혈과 육을 함께 지니심은 죽음을 통하여 죽음의 세력을 잡은 자 곧 마귀를 멸하시며 또 죽기를 무서워하므로 한평생 매여 종 노릇 하는 모든 자들을 놓아 주려 하심이니." 하나님의 아들이 친히 혈과 육을 취하셨으며, 우리를 구원하기 위해 이렇게 하셨습니다.

제가 여러분께 굳이 상기시켜 드릴 필요도 없이, 히브리서는 뒤이어 그리스도의 구원 사역을 대제사장직이라는 견지에서 설명하고 대제사장직의 성격을 하나님께 제물을 드린다는 견지에서 설명합니다. 그리스도께서 대제사장으로서 자신을 제물로 드리셨고, 사람을 향한 사역, 곧 필요할 때 도와주고 공감하며 인도하고 지원하며 은혜를 베푸는 사역을 하셨습니다. 제가 굳이 여러분께 상기시켜 드릴 필요도 없이, 히브리서는 높이 계신 우리의 대제사장, 곧 자신의 속죄 사역을 마치고 영원히 살아 계셔서 우리를 위해 중보하시며 자신을 통해 하나님께 오는 자들을 끝까지 구원하실 수 있는 분을 우리 앞에 내놓습니다. 그분은 시험을 받으셨기에 시험받는 자들을 도우실 수 있으며, 그분의 중보를 통해 우리는 필요할 때 도우시는 은혜를 받을 수 있습니다.

이것이 히브리서가 제시하는 사람이신 그리스도 예수입니다. 그분이 혈과 육을 취하신 것은 우리의 크신 대제사장이 되기 위해서, 우리를 구원하기 위해서입니다. 히브리서에 따르면, 성육신이 없었다면 중보도 없고 구원도 없을 것입니다. 그러므로 참으로 "다른 이로써는 구원을 받을 수 없나니 천하 사람 중에 구원을 받을 만한 다른 이름을 우리에게 주신 일이 없"습니다(행 4:12).

간단히 요약하겠습니다. 복음서에 그리고 신약성경 전체에 제시된 복음은 예수라는 역사의 인물을 하나님이신 구주(divine Savior)로 제시합니다. 바울은 우리가 십자가에 못 박힌 그리스도를 전한다고 말합니다. 이것은 역사이며, 십자가에 못 박힌 그리스도는 하나님의 아들입니다. 우리는 인본주의 기독론을 살펴보았는데, 인본주의 기독론은 예수를 단순히 하나님이 내주하신 한 인간으로 보며, 제가 말했듯이 이로써 성육신을 성령의 내주로 축소합니다. 우리는 인본주의 기독론이 우리에게 복음을 전혀 남겨 두지 않는다는 것을, 적어도 신약성경의 기준에 맞는 복음을 남겨 두지 않는다는 것을 보았습니다.

우리는 인본주의 기독론이 비합리적일 뿐 아니라 비복음적이고 모든 면에서 비기독교적이라는 것도 지적했습니다. 우리는 복음을 말할 때 서신서의 기독론이, 빛과 등불로서 복음 이야기를 관통해 나사렛 예수를 비추게 하는 것이 옳으며 필요하다고 확신합니다. 우리는 신약성경이 우리를 두는 자리에 있어야 합니다. 이러한 기독론, 하나님의 아들이 사람이 되셨다는 이러한 선언은 예수님이 누구신지 우리에게 보여 주며 그분에 관한 모든 것을 설명합니다. 그분이 실제로 이렇게 주장하셨으며, 신약성경 전체의 기독론이 이를 설명합니다. 그분이 누구이며 무엇인가라는 선언이 조명하는 인물을 볼 때, 우리는 우리 이전의 그리스도인들이 거듭거듭 발견했듯이 복음서의 페이지들에서 걸어 나와 살아계신 그리스도, 살아계신 구주, 우리가 알고 우리를 사랑하시는 분, 우리가 우리의 친구로 아는 분을 볼 것입니다. 그분이 우리에게 오셔서 자신을 우리에게 알리셨기 때문입니다. 그래서 우리는 그분을 예배하고 그분을 사랑합니다. 그분은 우리의 하나님이시고, 우리의 형제이시며, 우리의 주인(Master)이시고, 우리의 주님(Lord)이시며, 신약성경이 증언하는 참 그리스도이십니다.

우리가 하나님의 은혜로 우리의 삶에서 이것을 안다면 십자가 앞의 백부장처럼, 어쩌면 백부장보다 더 많이 깨달아 "이는 진실로 하나님의 아들이었도다"(마 27:54)라고 고백할 것입니다. 이분이 바로 우리의 소유입니다.

Proclaiming Christ in a Pluralistic Age

03

자신을 비우신 예수

그리스도의 신성에 대한 도전

지난 시간까지 진행한 강연을 되짚어보겠습니다. 이 강연은 영원한 복음을 우리 시대에 맞게 살펴보는 것이라고 했습니다. 다섯 번에 걸쳐 진행되는 강연에서, 저의 전체적 목적은 이 시대에 확산되는 여러 질문과 불확실성과 대안에 맞서 오래되고 참된 사도적 복음을 변호하고 다시 말하는 것입니다. 저는 고린도전서 1장에 나오는 "우리는 십자가에 못 박힌 그리스도를 전하니"(23절)라는 표현을 복음을 요약하는 바울의 방식으로 받아들였습니다. "십자가에 못 박힌 그리스도"는 제가 복음을 다시 말하는 데 매우 도움이 되는 표현입니다. 그리고 저는 여러분과 함께 복음의 여러 면을 다섯 번에 걸쳐 살펴보면서 복음 메시지를 요약하는 "십자가에 못 박힌 그리스도"라는 표현의 온전한 의미와 여기에 담긴 더 깊은 함의를 찾아보려 합니다.

이야기: 십자가에 못 박힌 그리스도

1장에서 "십자가에 못 박힌 그리스도"라는 표현이 여러 가닥으로 구성된 이야기, 곧 살아계신 하나님이 역사 속에서 사람들을 구원하며 궁극적으로 이 세상 전체의 질서를 새롭게 하시는 이야기의 중심이 되는 사실을 가리킨다고 했습니다. 그러면서 복음은 이야기라고 했습니다. 복음은 인간의 상상력이 낳은 산물이 아니라 역사입니다. 복음이 의미 있는 것은 이야기로서 우리 자신과 우리 삶에 대한 이해를 제시하기 때문입니다. 복음은 정확히 계시된 진리이며, 이 진리를 하나님이 성령을 통해 사도들에게 가르치셨고, 사도들과 신약 저자들의 기록된 증언을 통해 우리에게 가르치셨습니다.

신약성경에서 다양한 사람들이 다양한 범주와 어휘를 사용합니다. 그럼에도 복음에 대한 증언과 복음의 중심에 자리한 "십자가에 못 박힌 그리스도"에 대한 증언은 하나라고 연구를 통해 증명되었습니다. 주제들이 하나로 수렴됩니다. 메시지는 하나입니다. 주후 33년에 일어난 역사의 십자가 사건이 역사적 의미를 뛰어넘고 역사적 실재를 뛰어넘는 사건이었다는 것입니다. 신약성경은 우리에게 의무를 부여합니다. 그리스도를 믿게 된 사람은 십자가와 뒤이은 부활 사건에 직접 영향을 받는다고 당당하게 단언해야 합니다.

바울이 로마서 6장에서 말하듯이, 우리는 그리스도와 함께 죽었고 그리스도와 함께 살아났습니다. 우리는 그분의 세상을 새롭게 하시려는 하나님의 계획에서 핵심이 되는 기념비적 사건에 참여하게 됩니다. 죽으셨고 부활하셨으며 이제 우리의 삶을 어루만지시는 그리스도께서 진실로 살아계신 주님이라는 것이 그 메시지를 이루는 한 부분입니다.

프란시스 쉐퍼(Francis Schaeffer)가 『거기 계시는 하나님』(*The God Who Is There*)에서 말했듯이 그분은 '거기' 계십니다. 거기 계시는 그리스도께서 여기 계셔서 그분을 통해 하나님께로 돌아서는 자들에게 복을 주십니다. 그분이 다스리십니다. 그분이 다시 오실 것입니다. 그분이 친히 새 하늘과 새 땅이 임하게 하실 것입니다. 그분은 살아계신 주님이시며, 어느 날 그분과 함께 모든 사람이 그분과 결산을 해야 할 것입니다. 그날, 모든 사람은 그분을 심판자로 만날 것입니다. 그분은 살아계신 주님이시며, 복음은 그분을 구주로, 오래전 갈보리에서 십자가에 못 박힌 그리스도로 받아들이라고 우리를 초대합니다. 그래서 우리는 신약성경의 신학을 신화로 이해해야 한다는 주장을 반박합니다. 둘째 강연에서 이 주장을 계속 반박하면서 이른바 인본주의 기독론을 자세히 살펴보았는데, 인본주의 기독론은 신약의 신학이 신화라고 주장하는 많은 현대 신학자의 머리에서 시작되었습니다.

구주: 그리스도 예수, 하나님이자 사람(God-man)

안개가 완전히 걷힐 때, 인본주의 기독론자에게 남는 것은 한 선지자였고 성령이 내주했으며 특별히 경건하게 살았고 자신을 만난 자들에게 영향을 미치는 특별한 능력을 가졌던 예수입니다. 이들에 따르면, 우리에게 예수의 의미는 정확히 본보기와 선생이란 의미일 뿐 죄를 짊어진 자라는 의미도 아니고, 부활한 주님이란 의미도 아니며, 예배해야 할 중보자라는 의미도 아니며, 사랑해야 할 친구라는 의미도 아닙니다.

이들에 따르면, 객관적 속죄란 없습니다. 객관적 부활이 없는 것과 마찬가지입니다. 그러나 이러한 주장이 그 지지자들의 말과는 달리 신약의 메시지를 해석하는 게 아니라 부정한다고 확인했습니다. 우리는 이 주장이 예수님과 기독교의 기원에 관한 역사의 증거와 전혀 맞지 않는다는 것을 확인했습니다. 이 주장은 신약성경 신학자들(신약성경 저자들)의 일치된 주장을 대놓고 무시합니다.

신약성경 저자들이 말한 예수님을 이해하는 열쇠는, 그분이 진실로 사람을 구원하기 위해 혈과 육을 취하여 사람이 되신 하나님의 아들이심을 깨닫는 것입니다. 신약성경은 아들의 인성이, 그분이 사람이 아니었다면 우리를 구원하기 위해 해야 할 일을 하실 수 없었으리라는 의미에서, 그분의 중보 사역과 구속 사역에 필수라고 주장합니다.

히브리서 저자가 우리의 주님을 무엇보다도 하나님을 향한 사역과 사람을 향한 사역(사람의 죄를 위해 제사를 드리는 하나님을 향한 사역)을 하도록 하나님이 세우신 큰 대제사장이라는 견지에서 설명한다는 것도 확인했습니다. 우리의 이 큰 대제사장께서 자신의 피를 우리의 죄를 위한 제물로 드리셨습니다.

다른 한편으로, 대제사장의 사역은 사람들과 공감하고 이들이 어려움에 처해 도움이 필요할 때 돕는 것입니다. 그런데 히브리서는 사람만이 이렇게 할 수 있다고 말합니다. 그러므로 이 대제사장은 하나님일 뿐 아니라 사람이어야 했습니다. 이제 예수 그리스도의 인성이 신비, 곧 하나님이 우리를 구속하시는 행위라는 영광스러운 신비의 일부로 여겨집니다.

이것은 오늘의 강연 주제와 연결됩니다. 저는 이제 성육신에 관한 가설을 살펴보려 합니다. 이 가설은 신화 가설과 달리 하나님의 아들 예수 그리스도에 관한 성경 이야기에 이의를 제기하는 것이 아닙니다. 오히려 이 가설은 성육신의 몇몇 특징을 설명하려는 시도입니다. 첫째, 저는 위험 표지판을 세우고 억측하지 말라고 경고하겠습니다. 둘째, 신약성경에 나오는 예수님의 신성에 관한 선언을 좀 더 살펴봄으로써 우리가 살펴보려는 이론에 대한 우리의 마음을 좀 더 준비하겠습니다. 두 구절을 간략하게 살펴보겠습니다. 셋째, 이 가설, 소위 성육신에 관한 케노시스 이론(kenosis theory)을 살펴보겠습니다. 넷째, 예수님의 신성과 복음에 관해 짧게 언급하며 마치겠습니다.

억측

먼저 억측(speculations)에 관해 이야기해 보겠습니다. 제가 여기서 말하려는 것은 두 가지입니다. 우리 주님의 성육신 같은 너무나 고귀하고 거룩한 신비를 연구할 때 아주 분명히 해야 할 것이 있습니다. 이렇게 하는 것은 매우 중요한데, 다음 두 문장으로 표현할 수 있습니다.

1. 신학자는 억측을 신뢰해서는 안 됩니다.
2. 신학자는 가설을 세워야 합니다.

첫째, 신학자는 억측을 신뢰해서는 안 됩니다. 저는 여기서 '억측'이란 단어를 아주 엄밀한 의미로 사용하고 있습니다. 제가 의미하는 억측이란 성경을 넘어서는 세련된 추측(educated guess)입니다. 우리가 하나님의 본성과 계획과 목적과 구속 행위에 관해 알 수 있는 것은 성경이 우리에게 말해 주는 것뿐이라는 사실을 깨닫는 게 매우 중요합니다.

그 너머에 관해서는 우리 피조물이 추측으로 쏘셔 볼 위치에 있지 않습니다. 마르틴 루터(Martin Luther)는 언젠가 억측하는(사변적) 신학자 에라스무스(Erasmus)를 질책해야 했습니다. 루터는 이렇게 질책했습니다. "에라스무스 선생님, 하나님에 관한 선생님의 생각은 지나치게 인간적입니다."[1] 우리가 하나님의 구

---

1) *Martin Luther on the Bondage of the Will: A New Translation of* De Servo Arbitrio (1525): *Martin Luther's Reply to Erasmus of Rotterdam*, trans. O. R. Johnson (J. Clarke: 1957). The introduction was written by J. I. Packer.

속 목적에 관해 성경에서 벗어난 억측을 자신에게 허용한다면 루터의 이 말을 우리 자신에게도 똑같이 해야 할 것입니다. 우리는 자신도 모르게 우리의 형상으로 하나님을 만들 것입니다. 자신도 모르게 우리의 창조자 하나님을 그분의 피조물인 우리에게 맞출 것입니다. 이것은 잘못입니다. 이 잘못을 포함하는 생각은 늘 잘못입니다.

우리는 입을 다물고 성경에서 하나님의 구속 행위에 관해 배워야 합니다. 신학의 일은 성경이 말하는 신비로운 것들을 규정하고 설명함으로써 성경을 되울리고 성경의 믿음을 고백하는 것입니다. 이번에도 저는 '신비로운'(mysterious)이란 단어나 이에 상응하는 명사 '신비'(mystery)를 사용할 때 아주 엄밀한 의미에서 사용하겠습니다. 저는 우리가 성경을 통해 아는 것과 (성경에 계시된 하나님에 관한 모든 것을 말해야 하듯이) 말해야 하는 것, 성경이 우리에게 그렇게 말하기 때문에 우리가 그렇다고 확신할 수 있는 것을 가리키고 있습니다. 그러나 우리는 어떻게 그런지는 알 수 없습니다. 이 부분에 관해, 이것이 우리의 이해를 초월한다고 고백해야 합니다. 우리는 그렇다는 것을 알지만 어떻게 그런지는 알지 못합니다.

하나님에 관한 것들은 모두 '불가해합니다'(incomprehensible, 다시 전문 용어를 쓰자면). 이것들은 우리 너머에, 우리의 이성 너머에 있습니다. 비이성적이라는 뜻이 아니라 이성을 초월한다는 뜻입니다. 우리가 성경과 성경의 가르침을 따르며 이것을 받아들여 우리의 생각을 여기에 맞추며 진리를 파악해 갈 때, 하나님에 관한 우리의 지식은 당연히 부분적일 수밖에 없습니다. 하나님에 관한 우리의 지식은 어디까지나 참이지만 우리는 이 지식이 불완전하다고 확신할 수 있으며, 따라서 하나님에 관한 우리의 모든 지식에 대해 "우리가 지금은 거울로 보는 것 같이 희미"하다고, 모호하고 불완전하다고 말해야 합니다(고전 13:12).

회의주의자나 불가지론자가 되어야 한다는 뜻이 아닙니다. 절대 그렇지 않습니다. 그리스도인들이 기독교가 시작될 때부터 알았듯이, 우리가 이미 아는 것만으로도 (하나님이 보여 주셨고 그렇다고 말씀하셨기에) 하나님과 완전히 만족스러운 관계를 갖는 데 충분합니다. 이렇게 설명할 수 있습니다. 아버지는 아인슈타인 같은 천재이고 아들은 이제 겨우 서너 살이라 아버지의 머릿속에서 일어나는 심오한 생각을 다 알 수 없습니다. 그렇더라도 아들은 아버지와 완전한 사랑의 관계를 가질 수 있습니다. 좋은 아버지가 그렇게 하듯이, 이 아버지가 아들을 사랑하고 돌본다면 말입니다. 마찬가지로, 우리는 사랑과 교제에서 하나님을 알 수 있습니다. 하나님이 자신에 관해 아시는 모든 것을 우리가 알 수는 없더라도 말입니다.

기독교의 큰 교리들을 생각할 때, 이를테면 삼위일체, 하나님의 속성, 하나님의 주권적 섭리, 성육신, 속죄, 그리스도와 연합하여 죽고 다시 살아남에 관해 말할 때, 우리는 다음과 같은 사실을 분명하게 봅니다. 첫째, 우리는 무엇이든 이에 관한 지식을 성경을 통해 알 뿐입니다. 둘째, 우리는 이를 부분적으로 알 뿐입니다. 우리가 물을 수는 있어도 답할 수는 없는 질문이 많습니다. 우리는 성경이 우리에게 말하는 것을 알 뿐이며, 어떤 것은 앞서 정의한 의미에서 우리에게 신비로 남습니다. 억측이란 이것들에 관해 성경이 설정한 경계를 뛰어넘어서, 성경적 사고가 제시하는 확실한 근거를 뛰어넘어서 생각하려는 시도입니다. 칼뱅은 예정을 다룰 때 단단히 못을 박고 시작합니다. 성경의 분명한 가르침에서 한 발짝도 넘어서지 말아야 하며, 넘어선다면 아찔한 미궁에 빠지리라는 것입니다.[2]

칼뱅이 예정에 관해서 했던 말은 성경이 다루는 하나님의 모든 신비에도 적용될 수 있습니다. 우리가 성경이 실제로 말하는 것을 넘어서서 억측한다면 미궁에 빠질 것입니다. 그러므로 제 자신에게 경고하듯이 형제자매들에게 경고합니다. 신학자는 억측을 신뢰해서는 안 됩니다.

---

2) John Calvin, *Institutes of the Christian Religion*, III.21.1.

그러나 균형 잡힌 진리가 있습니다. 신학자는 가설을 세워야 합니다. 이것이 신학 지식을 확장하는 방법이기 때문입니다. 과학적 방법과 비슷합니다. 활용 가능한 자료를 토대로 일반화할 때, 과학자가 자신의 분야에서 흔히 하는 일은 그 자료를 넘어서는 가설을 세우는 것입니다. 가설이란 그럴 수도 있는 생각, 그럴 가능성이 있는 생각입니다.

가설을 세운 후, 과학자는 그 가설이 자신이 가진 모든 자료와 일치하는지, 자신이 그 가설을 증명할 다른 자료를 찾을 수 있는지 확인함으로써 가설을 검증합니다. 신학도 비슷합니다. 신학은 과학입니다. 신학은 하나님의 계시를 연구합니다. 신학 또한 지식을, 곧 하나님이 말씀하신 것에서 지식을 얻는 일입니다. 신학자는 성경이 말하는 중요한 것에 관해 가설을 세우고 성경에게 물음으로써, 곧 성경이 실제로 그 가설과 일치하게 말하는지 아니면 다르게 말하는지 확인함으로써 가설을 검증합니다.

가설을 이렇게 검증해야 가설이 성경의 진리를 분명하게 드러내는지 아니면 성경이 지지하지 않는 억측에 지나지 않는지 알 수 있습니다. 성경의 지지를 받지 못한다는 것이 검증되어 확인될 때까지, 가설은 억측이 아닙니다. 하지만 이렇게 확인된 후에도 그 가설에 매달린다면, 우리는 방법론에서 실수한 것이고 지성을 잘못 사용하는 것입니다. 신학자는 절대로 이렇게 해서는 안 됩니다. 그러나 신학자는 가설을 세우고 검증해야 합니다.

제가 이런 말을 하는 이유는 가설을 하나 살펴보기 위해서입니다. 가설을 세우는 것은 잘못이 아니며 가설을 시험해 보는 것도 잘못이 아닙니다. 문제는 어떤 가설이 성경의 지지를 거의 받지 못한다고 드러났음에도 그 가설에 매달리는 것입니다. 그런 사람을 지혜롭다고 할 수 있을까요?

예수 그리스도는 누구신가?: 영원하신 하나님

이에 관해 조금 더 말씀드리겠습니다. 우리 주 예수 그리스도의 신성에 관한 신약성경의 증거를 여러분 앞에 조금 더 제시하겠습니다. 두 단락을 인용해 살펴보면서 여러분에게 정확히 보여 드리겠습니다. 신약성경은 참으로 예수님이 아버지와 영원히 함께 계시고, 바로 지금 아버지와 함께 구속 사역을 하시듯이 아버지와 함께 창조 사역을 하셨으며, 그러기에 아버지께서 높임을 받고 예배를 받으셔야 하듯이 예수님도 높임을 받고 예배를 받으셔야 한다는 사실을 증언합니다. 그리고 동시에 구주께서 삼위일체의 둘째 위격으로서 사람이 되기 전에 아버지와 함께 계셨다는 그분의 선재(先在)에 구체적으로 초점을 맞춥니다. 먼저 요한복음의 프롤로그인 1장 1-18절을 살펴보면서 이것을 여러분에게 보여 드리겠습니다. 이 단락을 일일이 해석하지는 않겠지만 여기서 선재 개념이 어떻게 전개되는지 보여 드리겠습니다.

최고의 주석가도 이 단락의 핵심을 늘 정확히 집어내지는 못합니다. 우리는 이 단락을 이렇게 이해해야 합니다. 이 프롤로그의 목적은 하나님의 아들 예수 그리스도의 위격과 사역을 소개하는 것입니다. 그의 복음서 전체에서, 요한의 특별한 관심사는 먼저 예수님이 누구이고 어떤 분이신지 우리에게 보여 주는 것입니다. 이것은 하나님의 아들이신 그분의 영광을 우리에게 보여 주는 것이며, 그다음으로 그분이 가져오신 은혜와 진리의 본질을, 그리스도께서 베푸신 구원의 본질을 우리에게 보여 주는 것입니다.

그런데 요한에게 문제가 있습니다. 요한은 이 가운데 어느 하나도 우리가 오해하지 않길 바랍니다. 요한은 자신이 말하는 분이 완전히 기독교적 의미에서, 자신이 설명하려는 의미에서 하나님의 아들이라는 것을 처음부터 우리 마음에 모호하지 않게 분명하게 심어 주려 합니다. 요한은 구원하는 은혜와 진리를 우리에게 주러 오신 분이 사실은 신적 인격체(divine person, 하나님이신 사람)이심을 우리가 이해하길 바랍니다. 요한은 "하나님의 아들"이라는 표현이 기독교 선생인 자신의 마음에 전달하는 것보다 훨씬 더 적은 것을 사람들의 마음에 전달하리라는 것을 압니다. 유대인에게는 "하나님의 아들"이 메시아의 존칭 그 이상일 필요가 없기 때문입니다. 또 이방인에게 "하나님의 아들"이란 표현은, 그리스 신화에 나오는 어머니가 사람이고 아버지가 신인 영웅들 중에 하나를 가리킬 것이 거의 확실합니다. 요한은 그 누구라도 한순간이라도 영원한 하나님이신 아들(divine Son) 예수 그리스도가 이를테면 헤라클레스나 그러한 부류의 영웅이라고 생각하도록 두고 싶지 않습니다. 그래서 요한은 하나님의 아들에 관해 말하며 자신의 복음서를 시작하지 않습니다. 그는 열세 절에 이르는 단락으로 프롤로그를 시작하는데, 그 주제는 한마디로 "우주의 신적 로고스를 만나라"(meet the cosmic divine Logos)는 것입니다. '로고스'(*logos*)라는 단어는 논증, 이성을 뜻합니다. 로고스가 '말씀'(Word)으로 번역될 때, 그 배후에 자리한 개념이 이것입니다. 요한은 말합니다. "우주의 신적 로고스를 만나라." 그런 후, 요한은 우리에게 로고스에 관한 것들을 곧바로 말합니다.

로고스는 영원합니다. "태초에 말씀이 계시니라"(요 1:1).

로고스는 영원부터 하나님과 소통하셨습니다. "말씀이 하나님과 함께 계셨으니"(1절).

영원히, 로고스는 하나님이셨습니다. "이 말씀은 곧 하나님이시니라"(1절).

로고스는 창조 때 하나님의 대리자였습니다. "만물이 그로 말미암아 지은 바 되었으니"(3절).

로고스는 생명, 곧 하나님이 로고스를 통해 지으셨으며 이 세상에 존재하는 모든 형태의 생명의 직접적인 근원입니다. "그 안에 생명이 있었으니 이 생명은 사람들의 빛이라"(4절).

요한은 로고스, 곧 말씀, 창조자인 말씀이 "세상에" 오셨다고 말합니다(9절). 그분이 오신다고 세례 요한이 알렸습니다.

그런데도 그분은 널리 배척받으셨습니다. 그분은 자신의 백성에게 오셨습니다. 그분은 자신의 세상에 오셨습니다. 하지만 그분의 백성이 그분을 영접하지 않았습니다. 그러나 그분을 영접한 자들은 복을 받았습니다. 그분은 이 사람들, 곧 "그 이름을 믿는 자들"에게 하나님의 자녀가 되는 권리, 특권, 영예를 주셨습니다(12절).

이 구절들은 모두 로고스, 곧 말씀에 관해 말하고 있습니다. 요한은 말씀에 관해 이 놀랍고 중대한 것들을 말하면서 주의 깊은 독자라면 긴급하게 물을 질문을 생각하고 있습니다. "이 말씀이 누구입니까? 여태껏 이 말씀에 대해 들어 본 적이 없습니다. 도대체 누구인가요?"

뒤이어 14절부터 18절까지, 요한은 이 말씀이 누구인지 우리에게 들려줌으로써 그 질문에 답합니다. 1-13절의 핵심을 요약한 제목이 "우주의 신적 로고스를 만나라"라면 14-18절의 제목은 "아버지의 성육하신 아들을 만나라"입니다. 14절에서 우리는 분수령, 곧 말씀이 누구인지 밝히는 서문에서 중요한 지점에 이릅니다.

그 과정이 어떤지 보십시오. "말씀이 육신이 되었"습니다(14절). 단순한 말에 매우 깊은 의미가 담겨 있습니다. "말씀이 육신이 되어 우리 가운데 거하시매 … 은혜와 진리가 충만하더라"(14절). 물론, 영광이란 드러난 하나님의 임재를 가리키는 단어입니다. "우리가 그의 영광을 보니 아버지의 독생자의 영광이요"(14절). 아버지께서 그분의 독생자에게 주신 영광입니다. 이 순간부터 요한은 '말씀'에 대해 전혀 말하지 않습니다. 이 순간부터, 요한은 줄곧 '아들'에 관해 말합니다.

요한은 말합니다. "아버지의 성육하신 아들을 만나라. 그분이 말씀이다." 기억하십시오. 말씀은 하나님이며, 영원히 아버지와 함께 계시고, 창조에서 아버지의 대리자이며, 자녀들을 가정에 들이는 일에서 아버지의 대리자이고, 구속에서 아버지의 대리자입니다. 이 말씀은 아버지의 아들입니다. 그러므로 그분을 이렇게 생각해야 합니다.

자신의 복음서 나머지 전체에서, 요한은 우리에게 그렇게 생각하라고 가르칩니다. "말씀이 육신이 되어 우리 가운데 거하시매 우리가 그의 영광을 보니 아버지의 독생자의 영광이요 … 우리가 다 그의 충만한 데서 받으니 은혜 위에 은혜러라 율법은 모세로 말미암아 주어진 것이요 은혜와 진리는 예수 그리스도로 말미암아 온 것이라"(1:4, 16-17절). 처음으로, 그분의 이름이 나옵니다. 예수 그리스도는 아버지의 아들이며, 우리는 그분의 영광을 보았습니다. 연결고리를 보십시오. 신원 확인 과정을 보십시오. 말씀이 아들입니다. 아들은 예수 그리스도입니다. 이제 요한복음의 신학을 보겠습니다. 요한은 놀라운 기술로 단순한 표현들을 사용해 사람이신 예수 그리스도가 누구이며 무엇인지 우리에게 아주 분명하게 말했습니다.

아들이신 말씀의 선재(先在)에서 이야기가 시작됩니다. 제가 이것을 강조하는 것은 영원부터 아버지와 인격적으로 교제하신 아들의 선재가 현대 기독론자들에게 도전받기 때문입니다. 그러나 아들의 선재에 도전한다는 것은 끔찍한 일입니다. 아들의 선재는 단언해야 할 본질적인 부분입니다. 아들의 선재가 도전받는다면, 무너진다면, 삼위일체의 진리도 곧바로 무너집니다. 이것은 너무나 분명합니다. 이러면 우리는 또 다시 인본주의 기독론에 갇히게 됩니다. 존 로빈슨의 『사람의 얼굴을 한 하나님』(*The Human Face of God*)³⁾ 같은 책에 나오듯이, 인본주의 기독론은 예수님을 하나님이 내주하신 사람으로 보며 진정한 성육신을 부정합니다.

여기에 깊은 혼란이 있습니다. 로빈슨은 구주의 위격적 선재에 도전하면서도 자신이 교회의 역사적, 삼위일체적, 성육신 신앙에 충실하다고 믿기 때문입니다. 사실, 똑같은 혼란이 이미 15년 전 그의 저서 『신에게 솔직히』(*Honest to God*)에서도 있었습니다. 이것은 참으로 매우 위험하고 해로우며 파괴적인 혼란입니다.

예수 그리스도는 누구신가?: 고난 받는 종

그러나 요한복음은 더없이 명쾌하고 분명합니다. 그러므로 저는 이제 둘째 단락을 살펴보려 합니다. 빌립보서 2장 5절 이하입니다. 이 단락은 유명한 찬송인데, 바울의 작품이 아니었을 것입니다(여기에 관해서는 누구도 확신할 수 없습니다). 그러나 바울은 이 찬송을 빌립보 신자에게 쓴 편지에 포함시키고 이 찬송의 선언을 자신이 펼치는 주장의 일부로 삼음으로써 이 찬송을 자신의 것으로 만든 게 분명합니다.

---

3) John A. T. Robertson, *The Human Face of God* (Philadelphia, PA: Westminster Press, 1973).

바울은 5절에서 이렇게 말합니다. "여러분 사이에 이 마음을 품으십시오. 이 마음은 그리스도 예수 안에서 여러분의 것입니다"(Have this mind among yourselves, which is yours in Christ Jesus, RSV 직역). 저는 RSV 번역이 정확하다고 확신합니다. RSV는 "여러분 사이에 이 마음을 품으십시오. 이 마음은 그리스도 예수 안에 **있었거나** 그리스도 예수 안에서 **여러분이 보는** 것입니다"라고 번역하지 않습니다. 헬라어 원문의 자연스러운 번역은 한 가지뿐입니다. "여러분 사이에 이 마음을 품으십시오. 이 마음은 그리스도 예수 안에서 여러분의 것입니다." 우리는 성령을 통해 그분의 형상으로 다시 창조되었기에 이 마음은 이미 우리 안에 있습니다. 바울은 이제 이 마음을 표현하라고 말합니다. "여러분의 참 모습을 보여 주십시오"(Be who you are). 이것이 이 단락의 핵심입니다. 바로 이 지점에서, 바울은 찬송을 시작합니다.

"여러분 사이에 이 마음을 품으십시오. 이 마음은 그리스도 예수 안에서 여러분의 것입니다[거의 그렇게 말할 수 있듯이, 여러분에게 본능적인 것입니다] 그분은 하나님의 형체로 계셨으나 하나님과 동등함을 취해야 할 것[움켜쥐고 붙잡아야 할 것]으로 여기지 않으셨고, 오히려 자신을 비워 종의 형체를 취하고 사람의 모양으로 태어나셨습니다. 사람의 형체로 나타나심으로써 자신을 낮추어 죽기까지, 심지어 십자가에서 죽기까지 순종하셨습니다"(빌 2:5-8, RSV 직역).

이것은 겸손의 모델, 곧 다른 사람들을 위해 자신을 크게 희생하는 것입니다. "하나님의 형체"(form of God, 개역개정은 "하나님의 본체"로 번역-역주)라는 표현에서 '형체'(form)로 번역된 단어는 어떤 것의 본성을 파악하는 진정한 실마리이자 지표인 외형 혹은 일련의 외적 특징을 말합니다.

제 앞에 있는 물체는 마이크의 형체를 하고 있습니다. 왜 그렇습니까? 마이크이기 때문입니다. 그러므로 제가 헬라어로 이 물체가 마이크의 형체를 하고 있다고 말할 때 '모르페'(morphe)라는 단어를 쓰는 게 적절할 것입니다. "그분은 하나님의 형체로 계셨다"고 할 때 사용된 '모르페'도 같은 의미입니다. 그분은 하나님이셨습니다. "그분은 하나님의 형체로 계셨다"는 말은 바로 이런 뜻입니다.

그러나 그분은 하나님이셨는데도 자신을 비워 종의 형체를 취하셨습니다. 그분이 하나님이셨다는 표현과 그분이 자신을 비워 종의 형체를 취하셨다는 표현이 서로를 설명합니다. 영원하신 하나님이 아버지와 동등함을 움켜쥐고 붙잡아야 할 것으로 여기지 않고 도리어 종의 형체를 취하신 것은 자신의 존귀와 영광과 영예를 비우신 것이기 때문입니다. 이것이 이 표현의 의미입니다.

그래서 바울은 뒤이어 그분이 사람의 모양(likeness of men)으로 태어나 사람의 형체로 나타나심으로써 자신을 낮추셨고 십자가에서 죽기까지 순종하셨다고 설명합니다. 하지만 이 단락을 살펴보면서 여기서 끝내서는 안 됩니다. 제가 이 단락에 대해 꼭 강조하고 싶은 게 있습니다. 이 단락이 아들의 선재를 단언하며 시작한다는 것입니다. 이야기는 여기서 시작됩니다. 그분은 하나님의 형체로 계셨으나 거기서 내려오셨습니다.

그러나 7절 첫머리에 나오는 "자신을 비워"라는 표현에서 여러분은 틀림없이 이 표현에 관해 아주 많은 것을 확립한 케노시스 이론을 떠올렸을 것입니다. 이제 케노시스 이론으로 넘어가야겠습니다.

예수 그리스도는 누구신가?: 성육신하신 아들

성육신에 관한 하나의 가설 곧 케노시스 이론을 살펴보고 이것이 성경의 증언에 얼마나 부합하는지 알아보겠습니다. 케노시스 이론이 어디서 왔습니까? 케노시스 이론은 19세기 한 무리의 루터교 신자들과 루터교의 개념을 받아들인 영어권 신학자들에게서 시작되었습니다. 영국의 선구적 자유주의 가톨릭 신학자 찰스 고어(Charles Gore) 주교는 『세상의 빛』(Lux Mundi)[4]에 실린 자신의 글에서 이 개념을 처음 취했습니다. 장로교 신학자 H. R. 매킨토시(Mackintosh), 회중교회 신학자 P. T. 포사이스(Forsyth), 감리교 신학자 빈센트 테일러(Vincent Taylor) 같은 사람들도 좀 더 최근에 이것을 취했습니다. 이제 보게 되듯, 이 이론은 실제로 삼위일체에 관한 억측 또는 가설인데, 이에 관한 저의 판단은 기대하지 마십시오.

이론

케노시스 이론이란 무엇인가?

케노시스 이론은 성육하신 아들이 이 땅에 사는 동안 가졌던 신성을 설명하는 이론입니다. 케노시스 이론이 무엇입니까? 이른바 전능, 전지, 무소부재 같은 하나님의 형이상학적 속성을 성육신 기간에는 중지하기로 성육신 이전에 결정됐으며, 그 결과 성육하신 아들의 신성, 사람이신 예수 그리스도의 신성은 지상에서 사시는 내내 축소된 신성, 저의 표현대로 하면 "쪼그

---

[4] Charles Gore, ed., *Lux Mundi: A Series of Studies in the Religion of the Incarnation* (1889).

라든 신성"이었다고 단언하는 것입니다. 이러한 속성들이 정확히 어떻게 중지되었는지는 케노시스 이론을 주장하는 사람마다 달리 설명합니다. 이 부분은 굳이 살펴볼 필요가 없습니다. 이 세상에 태어났으며 이름이 예수인 하나님의 아들이 단 한 번도 전능하거나 전지하거나 무소부재한 적이 없었다는 게 케노시스 이론의 일반적 주장이라는 점을 짚고 넘어가는 것으로 충분합니다.

기독교 전통은 예수 그리스도를 '하나님 플러스'(God-plus), 곧 하나님의 아들로서 성육신을 통해 얻은 충만한 능력을, 자신의 신성을 조금도 줄이지 않은 채 인간이 하는 모든 형태의 경험을 할 수 있는 능력을 지닌 분으로 봅니다. 반면에, 인본주의 기독론은 예수를 '사람 플러스'(man-plus), 곧 사람이면서 성령이 내주하고 성령의 기름 부음을 받았으나 한 번도 신성을 가진 적 없는 존재였다고 봅니다.

케노시스 이론은 예수 그리스도가 하나님 플러스인 '동시에' 마이너스라고 말합니다. 전에 그분에게 있었던 어떤 능력들은 '빠지고'(minus) 정통 기독론이 단언하는 인간 경험을 위한 모든 새로운 능력이 '추가된다'(plus)는 것입니다. 실제로 케노시스 이론의 밑바닥에 깔린 의심은 예수님이 사람의 본성을 취하기 전에 영광 가운데 가지셨던 신적 능력들을 내려놓지 않으셨다면,

인간이 하는 경험들 중에 어떤 것은 온전히 하실 수 없었으리라는 것입니다.

왜 사람들이 케노시스 이론을 생각하는가?

사람들이 왜 케노시스 이론을 받아들였을까요? 케노시스 이론이 사람들을 어디로 이끌었을까요? 이 질문의 답을 예상해 봅니다. 첫째 대답은 복음서의 어떤 현상들을, 달리 설명하기가 쉽지 않은 현상들을, 예를 들면 사람이신 예수님이 특정 시점에서 제한된 지식을 보여 주신 것을 이 가설이 설명한다고 믿기 때문입니다.

예수님이 마가복음 5장 30절에서 하신 질문을 예로 들어 설명해 보겠습니다. 혈루증을 앓는 여인이 무리 속으로 가만히 들어와 예수님의 옷자락을 만졌더니 혈루증이 깨끗이 나았습니다. 예수님이 걸음을 멈추고 물으셨습니다. "누가 내 옷에 손을 대었느냐?"

이 질문을 이해하는 자연스러운 방식은 질문하는 그 순간 예수님이 누가 그분의 옷을 만졌는지 모르셨다고 생각하는 것입니다. 고어는 이를 이렇게 설명하려 했습니다. 곧 성경의 본질을 보는 그의 관점에서, 예수는 교육받은 당시의 유대인 신학자보다 나을 게 없었고 다를 것도 없었다는 것입니다. 고어는 시편 110편의 저자에 대한 전통적 주장을 예로 듭니다. 예수님은 시편 110편을 다윗의 시편으로 인용했습니다. "주께서 내 주께 이르시되 내가 네 원수를 네 발등상으로 삼을 때까지 내 우편에 앉았으라 하셨도다"(눅 20:42-43). 그러나 고어는 시편 110편이 다윗의 시편이 아니라 주전 2세기 마카비 시대의 작품임을 우리가 너무나 잘 안다고 했습니다. 그러므로 우리는 이 작은 증거를 토대로 예수님이 당시 모르셨으며, 이 측면에서 그분은 이를테면 희생자셨다는 것입니다. 아들이 영광 중에 계실 때(그 아들의 이름은 예수입니다), 사람이 되시기 전에 자신의 전지(全知)를 내려놓으셨다고 보아야 이런 현상들을 비롯해 비슷한 경우들이 가장 잘 설명된다는 것입니다.

더 나아가, 사람들이 케노시스 이론을 받아들이는 둘째 이유가 있습니다. 사람이라면 한계를 겪을 수밖에 없는데, 예수님이 이 모든 한계를 경험하실 수 있었다는 사실은 케노시스 이론으로만 설명된다는 것입니다. 사람은 자신의 지식에 한계가 있음을 알고, 자신의 능력에 한계가 있음을 알며, 자신이 동시에 다른 곳에도 있고 싶지만 그럴 수 없음을 아는데, 아들이 전능과 전지와 무소부재를 포기하지 않았다면 이런 한계를 자신의 삶에 필수적인 부분으로 알지 못했으리라는 것입니다. 사람이라면 한계를 겪을 수밖에 없는데 말입니다.

셋째, 케노시스 이론의 주창자들은 이렇게 주장합니다. 아들이 실제로 이렇게 신적 능력을 동결하고 포기하며 내려놓았다고 생각할 때, 그분이 우리를 구원하기 위해 사람이 되심으로써 보여 주신 놀라운 사랑과 스스로 낮아지심이 훨씬 돋보인다는 것입니다. 이들은 케노시스 이론이 고린도후서 8장 9절에 담긴 의미의 한 부분을 잘 드러낸다고 주장합니다. "부요하신 이로서 너희를 위하여 가난하게 되심은 그의 가난함으로 말미암아 너희를 부요하게 하려 하심이라."

케노시스 이론은 성경적인가?

세 번째 질문을 하겠습니다. 이제부터 이 가설을 검증하겠습니다. 이 가설을 뒷받침하는 성경구절이 있습니까? 이와 같은 것에 대해 성경이 어디서라도 직접적으로 단언합니까? 제 생각에 우리의 대답은 "아니오"여야 합니다. 조금 전 보았듯이, 빌립보서 2장 7절("자신을 비워")은 신적 영광과 존귀와 영예를 버리신 것과 관련이 있는데, 이것은 아들이 종의 형체를 취해 이사야서 53장을 성취하신 것에 포함됩니다.

고린도후서 8장 9절은 이렇게 말합니다. "부요하신 이로서 너희를 위하여 가난하게 되심은 그의 가난함으로 말미암아 너희를 부요하게 하려 하심이라." 이 구절도 구주에 대해 비슷하게 말합니다. 그분이 당시 사회에서 가난한 사람으로 살고 가난한 사람으로 죽으며 버림 받은 자가 되고 범법자가 되기 위해 내려오셨다는 것입니다. 그러나 성경은 어디서도 그분이 형이상학적 속성들을 버리셨다고 단언하지 않습니다.

실제로 제가 찾을 수 있는 그 어떤 성경구절도 이런 개념에 눈곱만큼도 관심을 보이지 않는데, 이는 성경 저자의 마음에 이런 개념이 전혀 없었다는 뜻입니다. 전혀 없었습니다. 이것은 억측입니다.

케노시스 이론이 필요한가?

이제 네 번째 질문을 하겠습니다. 그렇다면 케노시스 이론은 아주 어설픈 억측이고, 다시 살펴보아도 좋은 답을 찾을 수 없는, 새로운 질문만 숱하게 불러일으키고 실제로는 아무것도 해결하지 못하는 이론 아닙니까? 이것은 성육하신 하나님, 사람이신 예수님의 심리에 관한 매우 무모한 이론이지 않습니까? 물론 예수님은 인간의 한계를 경험하셨으며, 여기에는 의문의 여지가 없습니다. 그러나 예수님이 인간의 한계를 경험하셨다고 말하려면, 그분은 자신이 아는 것 이상으로 알 수 없고 자신이 하는 것 이상으로 할 수 없음을 아셨다고 반드시 가정해야 합니까?

신적 전지(divine omniscience)는 어떻게 되었는가?

그럴 필요가 없다고 말씀드리겠습니다. 대안 가설을 곧 제시하겠습니다. 우리 주님이 자신은 어떤 것들을 모른다고 하신 경우가 있는데, 저는 이와 관련해 이 대안이 더 성경적이라고 믿습니다. 그러나 지금은 질문을 하나 하겠습니다. 예수님이 자신이 알 수 없음을 아셨던 게 틀림없다고 단언하는 것은 무모하지 않습니까?

예수님이 할 수 있음을 아셨으나 하지 않으신 일들이 분명히 있습니다. 마태복음 26장 53절이 한 예입니다. "너는 내가 내 아버지께 구하여 지금 열두 군단 더 되는 천사를 보내시게 할 수 없는 줄로 아느냐." 주님은 '그러나 나는 하지 않겠다'고 말씀하십니다. 이것을 우리 주님이 특정 사실을 알지 못한다고 하신 경우에도 적용할 수 없을까요? 이 부분은 잠시 후에 다시 살펴보겠습니다.

삼위일체는 어떻게 되었는가?

질문을 하나 더 하겠습니다. 삼위일체의 삶을 머릿속에 그린다는 점에서 이 억측이 무모하지 않습니까? 다시 묻습니다. 그분이 능력의 말씀으로 창조하신 세상을 붙드는 우주적 역할, 성경의 숱한 구절에서 아버지의 아들께 돌려지는 우주적 역할은 어떻게 되었습니까? 골로새서 1장과 히브리서 1장 등에 이런 구절이 나옵니다. 아들이 전능과 전지의 능력 없이 이 땅에 계시는 동안 우주는 어떻게 되었습니까? 작고한 윌리엄 템플(William Temple) 대주교는 이런 비판을 제기했습니다. 이론상 마땅한 결과는 우주적 혼돈이었을 거라고 말입니다.

빈센트 테일러는 자신이 이 질문의 답을 안다고 믿습니다. 그는 삼위일체가 이 특별한 문제를 해결할 수 있다고 말합니다. 그러나 그의 말은 과장되고 독단적이며 다음과 같은 생각을 숨기고 있습니다. 그 생각이란 아들이 없는 동안 아버지와 성령께서 아들의 일을 맡는다는 합의가 아버지와 아들 사이에, 어쩌면 아버지와 성령과 아들 사이에 있었다는 것입니다. 예를 들어, 제가 대학에서 잠시 자리를 비울 때 동료가 제 강의를 맡을 수 있습니다. 그러나 비슷한 일이 삼위일체 안에서 일어난다는 가정은 성경의 지지를 전혀 받지 못하는 매우 무모한 주장입니다. 저는 이것이, 그런 게 있다면, 신화적 환상이라 생각하며 이것을 받아들이지 않습니다.

그리스도의 두 본성은 어떻게 되었는가?

이런 생각은 거꾸로 단성론이라고 비판받을 수 있지 않을까요? '단성론'(monophysitism)이란 단어를 아십니까? 단성론은 이

단입니다. 구주께서 두 본성이 아니라 하나의 본성만 가지셨다고 믿는 이단입니다. 케노시스 이론은, 구주께서 이 땅에 계실 때 온전히 하나님이셨다고 말할 수 없을 만큼 구주의 신성을 아주 심하게 훼손하지 않습니까?

그리스도께서 하늘로 돌아가셨을 때 어떻게 되었는가?

넷째 질문을 하겠습니다. 이 가설은 실제로 이런 식으로 자신을 부정하지 않습니까? 이 가설은 아들이 땅에서 인간이 겪는 일을 온전히 경험하려면 자신의 신적 능력 중에 어떤 것들은 포기해야 한다고 가정합니다. 묻겠습니다. 아들이 영광으로 돌아가시면 어떻게 됩니까? 케노시스 이론가는 이제 딜레마에 부딪힙니다.

그는 이렇게 말하거나 저렇게 말해야 합니다. 아들이 그때까지 자신에게 없던 형이상학적 속성들을 되찾았다고 말입니다. 이 경우, 당장 문제가 생깁니다. 아들이 어떻게 그러실 수 있습니까? 그분이 영광 가운데 하시는 경험이 어떻게 진정으로 인간적일 수 있습니까? 그게 아니라면, 구주의 경험이 참으로 인간적인 경험으로 늘 계속되는 한, 그분은 이러한 형이상학적 속성들을 전혀 되찾으실 수 없다고 말해야 합니다. 제 표현이 조금 거칠더라도 용서해 주십시오. 그러나 저는 이것이 케노시스 이론가가 찔릴 수밖에 없는 딜레마의 뿔들이라고 믿습니다. 여러분에게 이 뿔들의 끝을, 혹은 끝들을 최대한 예리하게 드러내 보이고 싶습니다.

그렇게 하는 게 명확하게 하는 데 도움이 된다고 생각합니다. 케노시스 원리들을 볼 때, 딜레마의 어느 뿔도 제게는 전혀 받아들일 수 없어 보입니다. 저는 케노시스 이론이 해결한다고 주장하는 문제를 인정하지 않으며, 따라서 이 딜레마는 저에게 와닿지 않습니다.

더 나은 설명이 있는가?

이제 긍정적이고 건설적이 되려고 노력해 봅시다. 예수님이 이 땅에서 사는 동안 보여 주신 한계들에 대해, 이를테면 제한된 지식에 대해 케노시스 이론보다 더 나은 설명이 없을까요? 저는 있다고 믿습니다. 제가 이제 말하려는 것을 준비하기 위해 여러분께 부탁드립니다. 예수님이 어떤 사실을 모른다고 하신 경우들이 있지만, 초자연적 지식을 보여 주신 경우들도 있음을 기억해 주십시오. 예를 들면, 예수님이 무화과나무 아래에서 나다나엘을 보셨을 때나, 요한복음 13장을 비롯해 여러 곳에서 유다의 배신을 미리 아시고 이에 관해 거침없이 말씀하셨을 때, 만난 적이라고는 없는 사마리아 여인에게 그녀의 남

편이 다섯이었다고 말씀하셨을 때처럼 말입니다. 이러한 사실들도 설명되어야 합니다.

우리가 제시하는 설명은 이것뿐 아니라 예수님의 무지도 설명해야 합니다. 이제 성경을 찾아 읽어 보겠습니다. 주님이 친히 하신 말씀입니다. 첫째, 요한복음 6장 57절에서 주님은 "내가 아버지로 말미암아 사는 것"(I live because of the Father)이라고 하셨습니다. 둘째, 요한복음 5장 19절에서 주님은 "아들이 아버지께서 하시는 일을 보지 않고는 아무 것도 스스로 할 수 없나니"라고 하셨습니다.

묻겠습니다. 이러한 말씀은 주님이 이 땅에 계실 때 자신의 지식이 제한적이라고 하신 증언을 이해하는 실마리를 제공하지 않습니까? 제 주장은 주님이 아버지의 뜻을 의지하셨다는 것입니다. 예수님은 창조에서 아버지의 대리자로 행하셨고, 뒤이어 자신이 지으신 세상을 붙드시며, 시간 속에서 성육하신 아들로서 우리의 정신적 행위에 상응하는 모든 행위를 하신 분입니다. 제 말은 그분은 자신이 아는 것에 기초해 행하셨습니다. 그리고 이것이 자신의 모든 삶에서 아들이 아버지를 의지하셨다는 성경의 나머지 증언 전체와 완전히 일치합니다. 아버지께서 그 순간에 아들의 마음에 두지 않기로 뜻하신 것을 아들이 알아서는, 마음에 두어서는 안 되었습니다.

마가복음 13장 32절에서 예수님은 자신의 무지를 고백하시는데, 이 고백은 더없이 첨예한 논쟁을 불러일으켰습니다. 예수님은 자신이 다시 오실 때에 관해 말씀하고 계십니다. "그러나 그 날과 그 때는 아무도 모르나니 하늘에 있는 천사들도, 아들도 모르고 아버지만 아시느니라." 우리는 이것을 아들이 성육신 전에 전지(全知)를 포기하셨다는 견지에서 설명해야 할까요? 아니면 아들이 그 날짜를 자신의 마음에 두는 것이 아버지의 뜻이 아님을 아셨고, 그래서 마음에 두지 않으셨다는 견지에서 설명해야 할까요? 예수님이 자신의 생각과 말과 행동에서 아버지의 주도권을 신속하고 완전하게 의지하셨다는 사실은 설명되어야 할 삼위일체의 또 다른 신비, 우리가 완전하게 이해하지 못한 채 고백하는 진리의 또 다른 신비입니다.

그러나 이렇다는 것을, 아들이 아버지를 전적으로 의지한다는 것을 성경의 많은 부분이 증언하는 것 같습니다. 그래서 저는 이를 전지(全知)하신 아버지가 틀림없이 아신 것들을 예수님이 마음에 두지 않은 경우가 있었다는 사실에 대한 대안 설명으로 제시합니다. 제가 이 대안을 추천하는 이유는 이것이 성육하신 아들이 아무도 그분께 알려 주지 않은 일들을 알고 또 선언하셨으며, 따라서 그분이 초자연적으로 아셨다고 말할 수밖에 없는 경우들을 설명하기 때문입니다. 초자연적인 지식과,

자신이 아는 것이 아버지의 뜻이 아니라는 인식 둘 다 같은 근원에서 나왔습니다.

두 경우 모두에서, 자신이 알아야 하는 아버지의 뜻을 아들이 알고 행하는 것을 봅니다. 저는 이것이 애초에 케노시스 이론을 촉발한 자료에 대한 더 나은 설명이라고 믿습니다. 저는 하나님의 아들이 성육신 기간에 하신 우주적 역할에 관한 질문에도 더 나은 답을 제시할 수 있다고 생각합니다. 다시 말하건대, 저는 여러분에게 가설을 제시하고 있을 뿐입니다. 여러분은 저의 가설이 억측이라고 생각할 수도 있습니다. 그렇더라도 제가 보기에 케노시스 이론가들의 가설보다 낫습니다. 이 가설은 적어도 아타나시우스(Athanasius)까지 거슬러 올라갑니다. 현대 신학자 중에는 윌리엄 템플이 이를 강력하게 주장했는데, 그 외에도 많은 지지자들이 있습니다.

이 가설은 이렇습니다. 하나님의 아들이 사람이 되셨을 때, 그분의 삶(그분이 의식한 정신적, 인격적, 행위적 삶)이 이를테면 적어도 일시적으로 의식의 두 중심에서 이루어졌는데, 하나는 우주적이고 하나는 그렇지 않았다는 것입니다. 다시 말해 아들이 성육신하셨을 때, 칼뱅의 표현을 빌리자면, "육신으로는 완전히 불완전했고 육체 밖에서는 완전하셨습니다"(*totus incarnate, totus extra carnate*). 아들은 능력의 말씀으로 만물을 계속해서 붙드셨으나 나사렛 예수 그리스도의 인격적·정신적 삶의 일부로서 그렇게 하신 게 아니었습니다. 여러분은 이것이 지나친 억측이라 생각할는지 모릅니다. 저는 이것을 증명할 수 없습니다. 다만 한 가지 사실을 지적할 수 있을 뿐입니다. 복음서에는 예수님이 이를테면 갈릴리에 사는 동안 정신적 삶의 일부로서 만물을 붙드셨다고 암시하는 부분이 전혀 없다는 사실입니다.

하나님의 신비

그러므로 저는 여러분이 받아들여야 할 입장, 이것이 완전한 신비이며 어떻게 이럴 수 있는지 이해하려는 그 어떤 시도도 하지 않는 게 지혜롭다는 입장에 아주 기꺼이 만족할 것입니다. 성경을 토대로 이것이 신비임을 인정하고 신비로 남겨 두십시오. 그러나 굳이 이것을 설명하려 한다면, 우리가 받아들이지 않아도 되는 케노시스 가설보다 옛 가설이 낫다고 말하겠습니다.

이것이 제가 케노시스 이론을 살펴보고 내리는 결론입니다. 케노시스 이론은 성경이 증명하지 않습니다. 케노시스 이론은 억측입니다. 케노시스 이론은 새로운 문제를 낳고 옛 문제를 미해결 상태로 두는 억측입니다. 케노시스 이론은 전혀 만족스럽지도 않고 유쾌하지도 않은 억측일 뿐 아니라, 성경이 지니는 신적 성격(divine character; 이것은 모든 복음주의자에게 매우 중요합니다)에 대해 우리 주님이 하신 증언을 측면에서 공격할 도구를 회의주의자에게 쥐어 줍니다.

하나님의 사랑

오늘 강연이 다 끝나갑니다. 신약성경 전체가 일관되게 증언하고 제시하는 예수님의 신성과 복음에 대해 간략하게 언급하며 강연을 마치겠습니다. 신약성경을 토대로, 저는 첫 케노시스 이론가들의 동기가 옳았다고, 적어도 이들에게 옳은 부분이 있었다고 단언하며 강연을 마무리하고 싶습니다.

이들은 사랑, 곧 하나님의 아들의 성육신과 십자가에서 나타난 하나님의 사랑을 확대하고 영화롭게 하며 강조하고 싶었습니다. 이런 점에서 이들은 전적으로 옳았습니다. 성경은 언제나 십자가를 사랑의 척도, 아버지의 사랑과 아들의 사랑의 척도로 제시합니다.

십자가에 못 박힌 그리스도의 메시지는 믿을 수 없는 하나님의 사랑의 메시지, 곧 실재한다는 것 외에는 믿을 수 없는 하나님의 사랑의 메시지이며, 이 사랑은 그리스도께서 믿을 수 없을 만큼 놀랍게도 우리를 구원하려고 자신을 낮추고 자신을 내주는 데서 나타납니다. 저는 감히 말합니다. 케노시스 이론의 그릇된 생각을 믿는 것보다 훨씬 더 거슬리는 것은, 성육신과 십자가를 무미건조하게 받아들이는 것입니다. 우리 가운데 이런 사람들이 있지 않을까 두렵습니다. 무미건조하게 받아들인다는 것은 머리로만 받아들인다는 뜻입니다. "맞아요. 그건 사실이죠." 우리는 성육신과 십자가를 생각하면서도 그 주위를 맴도는 데 그칠 수 있습니다.

04

놀라운 교환

그리스도의 사역에 대한 도전

 그리스도의 인격적인 사역에 관해 당혹스러울 만큼 다양한 견해가 쏟아져 나옵니다. 이런 상황에서 우리는 십자가를 어떻게 설명해야 할까요? 지금까지 세 강연에서 구주의 위격을 살펴보았는데, 오늘 밤에는 그분의 속죄 사역(atoning work)을 살펴보려 합니다. 오늘의 강연 제목 "놀라운 교환"의 출처는 마르틴 루터입니다. 제가 보기에 이 표현은 우리가 살펴보는 것을, 바울이 십자가에 못 박힌 그리스도를 말할 때 우리에게 가르치려 했던 것을 표현하기에 딱 알맞습니다. 루터의 글을 인용해 그가 이 표현을 어떻게 사용했는지 봅시다.

놀라운 교환

루터는 이렇게 썼습니다.

> 하나님의 은혜가 죄인들에게 넘친다는 것은 신비다. 놀라운 교환으로, 우리의 죄가 더는 우리의 것이 아니라 그리스도의 것이며, 그리스도의 의가 이제 우리의 것이다. 그리스도께서 자신의 의를 우리에게 입혀 주고 그 의로 우리를 채우려고 자신의 의를 벗으셨다. 그리스도께서 우리를 우리의 악에서 건지려고 친히 우리의 악을 지셨다 … 그분이 우리의 죄 때문에 슬퍼하고 고난 받으며 치욕을 당하셨듯이 우리는 그분의 의 때문에 기뻐하고 영광을 누린다.[1]

루터가 그리스도께 일어났다고 생각하는 일을 어떻게 설명하는지 조금 더 보겠습니다. 루터는 갈라디아서 3장 13절, "그리스도께서 우리를 위하여 저주를 받은 바 되사 율법의 저주에서 우리를 속량하셨으니"를 설명합니다. 이것이 루터가 말하는 놀라운 교환의 첫 단계입니다.

---

1) Martin Luther, *D. Martin Luthers Werke* (Weimer, 1883), 5:608.

다시 그의 글을 봅시다.

그리스도께서 세상에서 그때까지 없었고 그 이후로도 없을 가장 중한 범죄자, 살인자, 간음자, 강도, 반역자, 신성모독자가 되시리라고 모든 선지자가 영으로 예언했다. 그리스도께서 온 세상의 죄를 위한 희생제물이 되셨으니 더는 무죄하거나 죄가 없는 사람이 아니시다 … 더없이 자비로운 우리 아버지께서 … 독생자를 세상에 보내셨고, 그 아들에게 모든 사람의 죄를 지우며 말씀하셨다. 너는 부정하는 자 베드로가 되어라. 박해자요 신성모독자요 잔혹한 압제자 바울이 되어라. 간음자 다윗이 되어라. 에덴동산에서 선악과를 먹은 죄인이 되어라. 십자가에 달린 강도가 되어라. 간단히 말해, 모든 사람의 죄를 범한 자가 되어라. 그러므로 네가 그들을 위해 죗값을 치르고 만족시켜라. 율법이 끼어들어 말한다. 내가 보니 그는 죄인이다 … 그러므로 그를 십자가에 달아 죽여라. 그래서 율법이 그분을 십자가에 달아 죽였다. 이것은 곧 온 세상이 모든 죄를 깨끗이 씻음 받았으며 죽음과 모든 악에서 건짐을 받았다는 뜻이다.[2]

---

2) Martin Luther, *A Commentary on St. Paul's Epistle to the Galatians*, ed. Philip S. Watson(London: James Clarke, 1953), 269-271

첫째 단계: 대속(substitution)

인용이 길었지만 루터의 말이 무슨 뜻인지 아실 겁니다. 루터는 대속, 곧 우리를 대신하시는 그리스도를 설명하고 있습니다. 칼뱅은 『기독교 강요』(*Institutes*)에서 사도신경의 "본디오 빌라도에게 … 십자가에 못 박혀 죽으시고"라는 부분을 설명하면서 좀 더 차분하고 신중한 언어로 똑같은 핵심을 말합니다. 칼뱅은 예수님이 빌라도 앞에서 재판받으시는 장면을 설명합니다. 그의 글을 인용해 보겠습니다.

> 예수께서 재판정에서 증언에 의해 범죄자로 고발당하고 심문을 받으며 재판장에게 사형선고를 받으셨는데, 우리는 이 기록을 통해 그분이 행악자의 역할을 하셨고 그 역할을 성취하셨다는 것을 안다 … 우리는 죄인과 범죄자의 역할이 그리스도에게서 나타나는 것을 보지만, 그분의 눈부신 무죄함에서 그분이 자신의 죄가 아닌 다른 사람의 죄를 지셨음을 분명히 본다. 이것이 우리가 받은 무죄 선언이다. 즉, 벌해야 할 우리의 죄가 하나님의 아들의 머리로 옮겨진 것이다.[3]

---

3) John Calvin, *Institutes of the Christian Religion*, II.16.5.

칼뱅은 다시 말합니다. "모든 면에서, 그분은 우리를 대신해 우리의 구속을 위한 값을 치르셨다."[4]

둘째 단계: 화해(reconciliation)

루터로 돌아가겠습니다. 루터는 놀라운 교환의 둘째 단계를 말합니다. 그는 친구 게오르크 슈펜라인(George Spenlein)에게 목회 서신을 씁니다. 마음이 괴로웠던 게오르크는 앞서 루터에게 아주 슬픈 편지를 썼으며 그 편지에서 멈출 줄 모르는 자신의 죄악 때문에 겪는 죄책감과 고통과 불안을 표현했습니다. 루터는 그에게 이렇게 답장을 썼습니다.

그리스도와 십자가에 못 박힌 그분을 배우십시오. 그분을 찬양하는 법을 배우고 자신에 대해 절망하며 이렇게 고백하십시오. "주 예수님, 당신은 나의 의이고 나는 당신의 죄입니다. 당신께서 나의 것을 지셨고 당신의 것을 내게 주셨습니다. 당신께서 당신의 것이 아닌 것을 지셨고 내 것이 아닌 것을 내게 주셨습니다."[5]

---

4) Calvin, *Institutes*, II.16.7.
5) Luther, *Werke*, 48:12.

루터에 따르면, 이것이 놀라운 교환입니다. 우리의 죄가 그분께 지워지고 그분의 의가 우리에게 지워졌습니다. 루터가 여기서 무엇을 하는지 아실 것입니다. 루터는 타락을 자세하고 정교하게 설명하고 있습니다. 바울이 고린도후서 5장 19-21절에서 한 것입니다. 바울은 "하나님께서 그리스도 안에 계시사 세상을 자기와 화목하게 하시며"라고 말합니다. 묻겠습니다. 하나님이 어떻게 이렇게 하셨습니까? 바로 뒤에 이어지는 부분이 이 질문에 답합니다. 하나님은 사람들의 죄를 그들에게 돌리지 않으셨습니다. 하나님은 그리스도 안에서 사람들의 죄를 그들에게 돌리지 않음으로써 세상을 자신과 화해시키고 계셨습니다. 하나님이 어떻게 이렇게 하셨습니까? 하나님이 어떻게 이렇게 하실 수 있었습니까?

"하나님[성부 하나님]이 죄를 알지도 못하신 이[예수 그리스도, 성자 하나님]를 우리를 대신하여 죄로 삼으신 것은 우리로 하여금 그 안에서 하나님의 의가 되게 하려 하심이라"(21절). 어떤 주석자는 "죄로 삼으신"(made him to be sin)이란 어구는 그분을 속죄제물로 삼으셨다는 뜻이라고 해석합니다. 이것이 진실의 일부인 것은 분명합니다. 문법적으로 얼마든지 가능한 해석입니다. 그러나 문맥의 흐름을 볼 때, 이 어구의 전체 의미는 아닌 것 같습니다. 앞서 말했듯이, 하나님이 그리스도 안에서 사람들의 죄를 그들에게 돌리지 않음으로써 세상을 자신과 화해시키셨습니다. 제 생각에 바울은 여기서 어떻게 그런지 설명하고 있습니다. 바울은 아버지께서 죄를 알지도 못하는 아들을, 성육신 동안에 죄를 짓지 않은 아들을 죄로 삼으셨을 때, 우리의 죄를 하나님의 아들에게 전가하심으로써 그 아들이 죄가 되셨다고 말하고 있습니다. 이 구절 후반부로 이어지는 사고의 흐름이 이것을 확인해 줍니다.

바울은 하나님이 이렇게 하신 이유는 "우리로 하여금 그 안에서 하나님의 의가 되게 하려 하심이라"고 말합니다(21절). 바울은 자신의 저작에서 수차례 그러했듯이, 여기서도 형용사가 있을 법한 곳에 추상 명사를 사용합니다. 즉, "우리로 하여금 하나님 앞에서 의로워지게(righteous) 하려 하심이라"고 말할 거라 예상되는 곳에서 "우리로 하여금 하나님의 의(righteousness)가 되게 하려 하심이라"고 말합니다. 제가 보기에, 바울의 말을 이해하는 자연스러운 방법은 다름 아닌 루터가 도출한 놀라운 교환에 비추어 읽는 것입니다. 하나님이 우리의 죄를 그리스도께 전가함으로써 그분으로 죄를 삼으신 것은 그분 안에서, 그분과의 연합을 통해 우리가 하나님의 의가 되게 하기 위해서였습니다. 다시 말해 우리에게 전가된, 우리의 것으로 여겨진 의를 통해 하나님 보시기에 의롭게 하기 위해서였습니다.

어리석음이나 미친 짓이나 그 무엇으로든

바꾸어 말하면, 저는 이 말씀을 루터가 읽은 그대로 읽습니다. 초기 성공회 신학자 리처드 후커(Richard Hooker)가 칭의에 관한 조예 깊은 설교에서 멋진 문장으로 선언했듯이, "사람들이 이것을 어리석음이나 미친 짓이나 그 무엇으로든 여기라고 하십시오 … 우리는 세상의 지혜와 지식에 관심이 있는 게 아니라 사람이 죄를 지었고 하나님이 고난을 받으셨다는 것, 하나님이 스스로 사람들의 죄가 되셨다는 것, 그래서 사람들이 하나님의 의가 되었다는 것에만 관심이 있습니다."[6]

제가 생각하기에, 바로 이것이 바울이 십자가에 못 박힌 그리스도를 말할 때 의미했던 것입니다. 바로 이것이 바울이 주 예수 그리스도의 중보를, 그분이 의로운 재판장이신 하나님과 망가진 죄인인 인간 사이에 선 중재자로서 성취하신, 둘이 하나 되게 하고 둘을 갈라놓는 장애물을 제거하신 사역을 이해했던 방식입니다.

이 장애물은 우리의 죄에 대한 책임, 곧 죄책입니다. 그분이 이 장애물을 제거하셨습니다. 그래서 화해가 이루어졌고, 하나

---

[6] Richard Hooker, "Sermon on Habakkuk 1:4,"(1585), in *The Works of Richard Hooker*, ed. John Keble, 5th ed. (Oxford, Oxford University Press, 1865), 3:490-491.

님과 사람이 하나 되었습니다. 저는 신약성경을 읽으면서 처음부터 끝까지 십자가가 중심인 것을 봅니다. 바울이 갈라디아서 6장 14절에서 하는 선언에서도 이를 볼 수 있습니다. "그러나 내게는 우리 주 예수 그리스도의 십자가 외에 결코 자랑할 것이 없으니."

십자가의 여러 범주

사실, 이 구절에서 신약성경 전체의 성격이 드러납니다. 신약성경은 십자가를 설명하면서 숱한 이미지와 범주와 형태를 섞어 사용하는데, 그 덕에 우리는 십자가와 그 의미를 한결 풍성하게 이해할 수 있습니다.

희생(Sacrifice)

우리가 그리스도의 피에 관해서 들을 때마다 십자가는 예를 들어 '희생'으로 표현되는데, 이 부분을 잠시 후 자세히 살펴보겠습니다. 신약성경이 그리스도께서 십자가에서 흘리신 피를 말할 때, 희생 개념이 떠오릅니다.

속전(Ransom)

이와 비슷하게 십자가는 '속전'(贖錢)으로, 곧 죄를 위한 희생뿐 아니라, 속전을 지불하면 그렇게 되듯이, 우리를 사로잡힘과 위험으로부터 건져내는 구매로도 표현됩니다. 또한 신약성경에서 십자가는 승리, 마귀와 귀신의 세력을 이기는 승리로 표현됩니다. "죽음을 통하여 죽음의 세력을 잡은 자 곧 마귀를 멸하시며." 그리스도께서는 마귀의 권세를 깨뜨리셨는데 그 목적은 "또 죽기를 무서워하므로 한평생 매여 종 노릇 하는 모든 자들을 놓아 주려 하심"이었습니다(히 2:14-15).

골로새서 2장 15절도 똑같이 말합니다. "[하나님이] 통치자들과 권세들을 무력화하여 드러내어 구경거리로 삼으시고 십자가로 그들을 이기셨느니라." 믿음의 눈으로 볼 때, 적어도 그리스도께서 십자가에서 귀신의 세력에 승리하고 정복자로서 이들을 포로처럼 끌고 가셨다는 게 분명합니다. 세상이 십자가를 보면서 무엇을 보든 간에, 믿음의 눈이 보는 것은 바로 승리입니다.

구속(Redemption)

다시 말하건대, 그리스도의 십자가는 신약성경에서 '구속', 곧 노예의 자유를 위해 지불되는 값으로 나타납니다. 이미 말했듯이, 바울은 화해라는 범주를 사용하는데, 화해(reconciliation)

란 깨진 관계를 회복하고 서로 소원했던 곳에 평화를 회복하는 것을 나타내는 단어입니다.

화목제물(Propitiation)

신약성경에는 '화목제물'이라는 용어도 나옵니다. RSV는 이 단어를 '보속'(expiation, 補贖)으로 번역했습니다. 이것은 도드 교수가 1930년부터 아주 영향력 있게 제시한 주장 때문인데, 그에 따르면 죄인을 향한 하나님의 진노는 고려할 필요가 없으며, 따라서 이 단어, '힐라스테리온'(hilastērion)과 '힐라스모스'(hilasmós)는 하나님의 진노를 제거하는 게 아니라 죄를 하나님 앞에서 제거한다는 의미라고 했습니다. 제가 보기에 도드 교수가 이 부분에서 신약성경을 잘못 해석한 것 같습니다.

저는 화목제물 쪽을 취하는데, 실제로 하나님의 진노를 믿는다면 이를 받아들일 수밖에 없기 때문입니다. 세속 헬라어와 헬라어 구약성경에서 나타나는 쓰임새에 따르면, 화목제물이란 하나님의 진노를 일으키는 원인을 제거함으로써 하나님의 진노를 제거한다는 뜻입니다. 저는 그리스도의 십자가가 우리의 죄를 위한 화목제물이었다는 말이 정확히 이런 뜻이라고 믿습니다. 우리 죄인을 향한 하나님의 법정적 진노를 일으킨 원인, 곧 우리 죄의 죄책이 제거되었습니다.

화목제물은 하나님의 진노를 일으키는 원인을 제거함으로써, 즉 우리의 죄를 제거함으로써 하나님의 진노를 제거한다는 복합적 개념을 표현하는 단어입니다. 이것은 십자가 영광의 한 부분입니다. 이 모든 용어로, 신약성경 저자들은 십자가를 우리에게 제시합니다. 저는 이 단락들을 읽으면서 개신교 신학의 주류가 4세기 넘게 단언해 온 것, 즉 십자가의 성취와 관련된 모든 개념의 밑바닥에 자리한 근본 개념은 '대속'이라는 것을 단언하지 않을 수 없습니다.

대속(Substitution)

거룩하신 하나님이 우리 죄에 대해 내리신 판결을, 우리의 구원을 위해 사람이 되신 하나님의 아들께서 우리 대신 받으셨습니다. 이는 죄인인 여러분과 저의 죄책이 제거되고 우리의 죄가 용서되며 우리와 하나님의 관계가 바르게 회복되게 하기 위해서인데, "하나님 앞에서 의롭다" 또는 "하나님의 의"라는 표현은 바로 이런 뜻입니다.

저는 형벌 대속(penal substitution) 또는 형벌 만족(penal satisfaction) 개념이 사실상 신약성경이 십자가에 관해 말하는 메시지의 중심이라고 확신합니다.

만족(Satisfaction)

'만족'이란 용어에 관해 말씀드리겠습니다. 이것은 아주 이른 시기부터 기독교의 속죄 신학에서 사용된 용어입니다. 이 용어가 처음 신학에 들어왔을 때 그 출처는 로마법이었습니다. 이것은 법적 의무를 취소하기 위해 행해진 일을 의미했습니다. 주후 11세기, 속죄를 다룬 선구적 신학자 안셀무스(Anselm)는 그리스도의 죽음을 현대의 배상이나 보상의 견지에서, 우리의 죄 때문에 훼손된 하나님의 영예와 존귀를 만족시키려고 하나님께 드려진 제물이라는 견지에서 죄에 대한 만족(satisfaction for sin, 죄에 대한 보상)으로 해석했습니다. 루터는 더 성경적으로 죄에 대한 배상이 아니라 형벌 대속(penal substitution)이라는 견지에서, 그리스도께서 우리의 죄를 위해 심판을 받으셨다는 견지에서 만족을 설명했습니다. 이것이 정확히 신약성경이 말하는 것입니다.

이것은 성공회 기도서가 말하는 내용이기도 합니다. 1662년판 성공회 기도서는 성찬식에서 인류를 향한 하나님의 사랑에 감사하라고 가르칩니다. 이 사랑 때문에 하나님이 아들을 세상에 보내 "자신을 단번에 드림으로써" 우리의 죄를 위한 "온전하고 완벽하며 충분한 희생과 예물과 만족이 되게 하셨기" 때문입니다.

이것은 16세기 말에 하이델베르크 요리문답이 그리스도인에게 이렇게 선언하라고 가르칠 때 사용된 용어이기도 합니다. "살아서나 죽어서나 나의 유일한 위로는 내가 나의 신실한 구주 예수 그리스도, 곧 그 보혈로 나의 모든 죗값을 완전히 치르신(fully satisfied) 분께 속했다는 것입니다."

만족은 오래된 용어지만 저는 좋은 용어라고 생각합니다. 만족은 우리의 죄가 하나님 앞에서 제거되기 위해 필요한 모든 것을 그리스도께서 행하셨다는 개념을 표현합니다.

형벌 만족은 성경적인가?

우리 시대의 아주 많은 사람들이 우리의 이러한 이해가 성경적이지 않다고 주장합니다. 그러면서 성경 해석뿐 아니라 좀 더 일반적인 신학적 추론까지 동원해, 우리가 이에 관해 신약 성경의 증언을 잘못 해석하고 있다고 말합니다. 오늘 강연은 제가 방금 말씀드린 것에 대한 설명이 옳다는 사실을 그렇지 않다고 주장하는 사람들에게 맞서 입증하는 데 초점을 맞추겠습니다. '형벌 대속'(penal substitution), 옛 이름으로 하면 '형벌 만족'(penal satisfaction)은 과연 성경적일까요?

이것이 성경적이지 않다는 의심에 저는 이렇게 답하겠습니다. 신약성경에서 바울이 속죄를 가장 정교하게 설명하는데, 그의 저작을 읽다 보면 특정 개념의 위계를 발견하게 됩니다. 바울은 자신이 자랑하는 십자가, 그리스도의 십자가 죽음을 '구속'의 성취, 곧 악에서의 건짐이나 속박에서의 해방으로 봅니다. 왜냐하면 그리스도의 십자가 죽음이 우리로 '칭의'를 성취하게 하고 용서를 이루며 하나님 앞에 의롭게 서게 하기 때문입니다. 그리스도의 십자가가 칭의를 성취하는 것은 '화해'를 성취하기 때문입니다. 그리스도의 십자가는 우리와 하나님 사이에 평화를 이룹니다. 그리스도의 십자가는 '화목'을 이룸으로써, 즉 죄를 제거해 하나님의 진노를 제거함으로써 화해를 성취합니다. 그리스도의 십자가는 구속과 화해와 칭의뿐 아니라 피흘림의 행위, 곧 희생 행위가 되어 화목을 성취합니다.

바울은 에베소서 1장 7절에서 우리가 예수의 피로 '구속'(속량)받았다고 말하며, 로마서 5장 9절에서 우리가 "그의 피로 말미암아 의롭다 하심을 받았다"고 말합니다. 그는 골로새서 1장 20절에서 그리스도께서 "그의 십자가의 피로" 우리를 하나님과 화해시키셨고 말하며, 로마서 3장 25절에서 하나님이 구주를 "피로써 … 화목제물로" 세우셨다고 말합니다. 이미 말했듯이, '피'라는 단어는 희생을 가리키며, 사람들의 죄를 위해 짐승의 피를 흘리던 구약의 의식을 가리킵니다. 우리는 묻습니다. 희생(제사)에서 피를 흘린다는 것은 무슨 뜻입니까?

구약성경에 나타난 형벌 대속

우리 시대에 많이 논의되는 주장이 있습니다. 20세기가 시작될 무렵 유행했는데, (성경학자의 생각과 달리) 피흘림은 대속 제물을 통해 생명이 죽음에 넘겨졌다는 뜻이 아니라는 것입니다. 그보다는 생명력, 일종의 '신비한 힘'(mana), 일종의 에너지가 본래 자리했던 짐승으로부터 나와 죄 때문에 약해지고 막혔던 사람과 하나님의 관계를 되살렸음을 뜻한다고 주장합니다. 이 개념은 부분적으로 레온 모리스(Leon Morris)의 매우 뛰어난 연구 덕에 이제 유행이 지났습니다.[7] 우리가 성경을 주의깊게 읽는다면, 피흘림이란 죄를 속하기 위한 대속 제물을 통해 생명이 죽음에 넘겨졌다는 뜻으로 보는 것이 가장 확실하고 자연스러움을 알 것입니다.

레위기 17장 11절에서 하나님은 모세를 통해 구약성경의 제사 의식을 이스라엘 백성에게 말씀하십니다. "육체의 생명은 피에 있음이라 내가 이 피를 너희에게 주어 제단에 뿌려 너희

---

7) 다음을 보라. Leon Morris, chapter 2, "Sacrifice," in *The Atonement: Its Meaning and Significance* (Downers Grove, IL / Leicester, England: Inter-Varsity Press, 1984).

의 생명을 위하여 속죄하게 하였나니 생명이 피에 있으므로 피가 죄를 속하느니라."

이 구절의 의미를, 피에서 관계를 회복시킬 생명 에너지가 흘러나와 죄를 속한다는 것으로도 볼 수 있습니다. 하지만 저는 이것이 자연스러운 해석이라고 생각하지 않을 뿐더러 문맥이 이런 해석을 뒷받침한다고 생각하지도 않습니다. 제 생각에, 이 레위기 구절과 민수기 35장 31-33절 같은 단락을 연결할 때 이 해석은 더없이 부자연스러워집니다. 민수기 단락에서 하나님은 모세를 통해 도피성 규정을 제시하며 이렇게 말씀하십니다.

> "고의로 살인죄를 범한 살인자는 생명의 속전을 받지 말고 반드시 죽일 것이며 또 도피성에 피한 자는 대제사장이 죽기 전에는 속전을 받고 그의 땅으로 돌아가 거주하게 하지 말 것이니라 너희는 너희가 거주하는 땅을 더럽히지 말라 피[피 흘림을 의미]는 땅을 더럽히나니 피흘림을 받은 땅은 그 피를 흘리게 한 자의 피가 아니면 속함을 받을 수 없느니라."

더럽힘, 곧 그 땅에서 하나님과 그분의 백성 간의 교제를 막는 장애물은 살인자의 피를 흘림으로써만 제거됩니다.

하나님이 예외를 두셨습니다. 대제사장이 살아 있는 동안 살인자는 도피성에서 생명을 부지합니다. 이 예외를 제외하면, 살인으로 인해 흘린 피로 더럽혀진 땅에서 더러움을 제거하는 유일한 길은 살인자의 피를 흘리는 것입니다. 보응처럼 보이지 않습니까? 하나님이 만족해하시는 정의(justice)를 행하는 것 같습니다. 생명이 흘러나와 관계를 새롭게 하거나 되살린다는 생각은 전혀 들지 않습니다. 그게 아닙니다. 더러움이 제거됩니다. 레위기 17장 11절도 이런 사고의 영역에서 이해됩니다.

희생(제사) 의식들을 살펴보면 이러한 인상이 강하게 듭니다. 정기적으로 드렸던 속건제를 봅시다. 속건제를 어떻게 드렸습니까? 예배자가 가까이 나아간다는 표현이 사용되는데, 이는 곧 예배자가 성소에 가는 것을 가리킵니다. 그는 온전한 희생물(victim), 흠 없는 짐승을 가지고 가까이 나아가 짐승의 머리에 자신의 손을 얹고 성소에서 그 짐승을 죽입니다. 그러면 제사장이 그 피를 받아 성소 제단에 붓습니다. 이 행동의 의미는 하나님 앞에서의 증언(표시, 증거, 시연)이 분명한데, 하나님의 규례에 따라 죄를 속하고 죄에 대한 만족을 이루기 위해 생명을 취했다는 뜻입니다.

또는 히브리서 저자가 히브리서 9장에서 크게 강조하는 속죄일 의식을 보십시오. 우리는 속죄일에 관한 주일 설교를 할 때

종종 속죄 염소(scapegoat, 아사셀)에 초점을 맞춥니다. 이제 사람들의 죄가 고백되어 두 짐승 가운데 하나, 곧 속죄 염소에게 지워집니다. 그러면 속죄 염소는 이스라엘의 죄를, 사람들의 죄를 지고 진 밖으로 쫓겨납니다. 그러나 우리가 기억해야 할 게 있습니다. 속죄 염소에게 행한 일은 의식의 일부일 뿐이라는 사실입니다. 염소는 한 마리가 아니라 두 마리였습니다. 둘째 염소는 성소에서 죽임을 당했습니다. 히브리서 저자가 우리에게 일깨우듯이, 이것은 매년 한 차례 대제사장이 지성소에 들어가는 일과 관련이 있습니다. 이 자체가 실제로 나머지 한 마리 염소의 죽음에서 무엇이 성취되는지 보고 배우도록 하나님이 주신 설명이자 예시였습니다.

속죄일의 피흘림은 백성이 한 해 동안 지은 죄를 하나님이 그분의 규례에 따라 용서하셨다는 것을 보여 주는 증거였습니다. 우리는 신약성경의 신학을 통해 이러한 희생(제사)이 그리스도께서 흘리실 피를 통해 효력을 갖게 되지만, 그분의 피가 그분이 오신 후에 지은 죄를 덮듯이 그분이 오시기 전에 지은 죄도 덮었다는 것을 압니다.

그러나 제가 초점을 맞추는 것은, 하나님이 피흘림을 죄용서와 연결하셨다는 사실, 죽음에서 생명을 쏟아내는 것과 연결하셨다는 사실입니다. 하나님의 종이 속죄제물이 되신다는 놀라운 예언 단락에서, 그분은 하나님 백성의 죄 때문에 채찍에 맞고 죽임을 당하십니다. 이사야서 53장 10절은 하나님이 이 종의 영혼으로 속죄제물(offering for sin, 개역개정은 "속건제물"로 번역-역주)이 되게 하길 기뻐하신다고 말합니다. 이는 대속의 견지에서만 자연스럽게 해석될 수 있습니다.

대속적 의

바울이 그리스도의 십자가에 담긴 의미를 구원의 견지에서 설명하는 부분을 읽으면 마침내 모든 의심이 확실하게 사라집니다. 갈라디아서 3장 13절을 보십시오. 바울의 문장에서 사고가 어떻게 흘러갑니까? "그리스도께서 … 율법의 저주에서 우리를 속량하셨으니." 어떻게 이렇게 하셨습니까? "우리를 위하여 저주를 받음"으로써 이렇게 하셨습니다. 이 어구는 방법을 설명합니다. 대속적 고난(substitutionary suffering)을 말합니다. 고린도후서 5장 21절에서, 바울은 "하나님이 죄를 알지도 못하신 이를 우리를 대신하여 죄로 삼으신 것은 우리로 하여금 그 안에서 하나님의 의가 되게 하려 하심이라"고 말합니다.

이것은 속죄제입니까? 확실히 그렇습니다. 제가 이미 말했듯이 문맥에 나타난 사고의 흐름을 토대로 하면, 우리의 죄가 하나님의 아들에게 전가되었고, 그래서 그분이 우리를 위한 희생자로 죽으셨으며, 무죄한 자가 유죄한 자를 위해 고난을 받았다고 이해해야 하기 때문입니다. 골로새서 2장 14절에서 사도 바울은 십자가를 이러한 견지에서 설명합니다. 문장이 시작되는 13절부터 봅시다. 그러면 사고의 흐름을 파악할 수 있습니다. "또 범죄와 육체의 무할례로 죽었던 너희를 하나님이 그와 함께 살리시고 우리의 모든 죄를 사하시고 우리를 거스르고 불리하게 하는 법조문으로 쓴 증서를 지우시고 제하여 버리사 십자가에 못 박으시고." 우리를 거슬렸던 법조문으로 쓴 증서는 하나님의 율법이 분명한데, 율법은 완전한 의를 요구합니다. 여기서 하나님의 율법은 이를테면 우리가 하나님께 진 빚을 명시한 차용증과 같습니다.

우리는 드렸어야 했던 의를 드리지 못했습니다. 우리는 율법을 어겼습니다. 그 결과, 차용증이 우리의 사형 집행 영장이 되었습니다. 우리는 율법을 어겼기에 율법에 규정된 형벌 아래 놓였습니다. 그런데 바울은 하나님이 이 증서를 폐기하셨다고 말합니다. 어떻게 폐기하셨습니까? 이 증서를 십자가에 못 박음으로써 폐기하셨습니다. 모든 복음서 저자가 기록하는 세세한 부분에 비추어 이를 이해해야 합니다. 로마의 죄수 처형이 으레 그러했는데, 그들은 죄수가 왜 처형당하는지 모든 사람이 보고 알도록 죄명을 십자가에 못 박아 내걸었습니다.

육신의 눈과 믿음의 눈

우리는 육신의 눈으로 보고 압니다. 십자가 주변에 있던 사람들은 십자가에 못 박혀 내걸린 팻말에 뭐라고 적혀 있는지 보았습니다. 거기에는 예수님이 고발당하신 내용, 예수님이 유죄 선고를 받은 죄명이 적혀 있었습니다. "나사렛 예수 유대인의 왕"(요 19:19). 예수님은 자신이 유대인의 왕이라고 주장하셨습니다. 그분은 이 주장 때문에 처형당하셨습니다. 이것이 육신의 눈이 빌라도가 내건 죄명에서 본 것입니다. 그러나 바울은 믿음의 눈으로 그 너머를 본다고 말합니다. 믿음의 눈은 그리스도께서 죽임 당하신 이유가 적힌, 십자가에 못 박혀 내걸린 팻말을 보면서 우리의 전적 불순종을 보고 우리가 하나님의 율법을 지키지 못했다고 지적하는 슬픈 이야기 전체를 봅니다. 이것이 바울이 들려주는 이야기입니다.

이것이 바울이 강조하는 것입니다. 바울은 여기서 형벌 대속을 말하고 있습니다. 이 구절들과 로마서 3장 25-26절을 연결해 보십시오. 바울은 매우 압축되고 묵직한 이 구절에서 하나님이 그분의 아들을 그 아들의 피로 화목제물로 세우셨다고 말한 후 이렇게 덧붙입니다. "이는 하나님께서 길이 참으시는 중에 전에 지은 죄를 간과하심으로 자기의 의로우심을 나타내려 하심이니 곧 **이때에** 자기의 의로우심을 나타내사 자기도 의로

우시며 또한 예수 믿는 자를 의롭다 하려 하심이라"(롬 3:25-26). 해석자들이 이 구절을 두고 많은 논쟁을 벌였습니다. 저는 이 구절을 로마서의 사고의 흐름 속에서 보는데, 그것만이 이 구절을 해석하는 자연스러운 방법이라고 판단하기 때문입니다. 즉, 하나님이 그리스도의 피로 그리스도를 화목제물로 세우신 것은 하나님의 의를 보여 주시기 위해서였습니다.

법정적 의

이것은 어떤 의입니까? 바울이 앞에서 말했던 의, 의로운 심판으로 자기 생각을 드러내실 하나님의 의입니다. 로마서 2장 5절은 진노의 날, 하나님의 의로운 심판이 나타나는 날에 관해 말합니다. 바울이 여기서 생각하는 개념은 법정적 의(judicial righteousness)입니다.

우리는 하나님의 법정적 의에 이런 질문을 던질 수 있습니다. 하나님이 "길이 참으시는 중에 전에 지은 죄를 간과"하셨다고 하는데, "전에 지은 죄"란 무엇입니까? 이는 구약 시대에 사람들이 규정된 제사를 드릴 때 하나님이 사실상 용서하신 죄입니다. 그러나 본질적으로, 한 짐승의 피가 한 사람의 죄를 엄격한 공의라는 측면에서 등가적으로 제거할 수 있는지는 분명하지 않습니다.

하나님은 적절한 배상이나 적절한 제물 없이 죄를 용서하신 것으로 보입니다. 그러므로 하나님의 공의에 의문부호가 붙습니다. 하나님이 정말로 죄를 심판하실까요? 정말로 하나님은 모든 죄를 합당하게 심판하는 본성을 가지신 분일까요? 바울은 그렇다고 말합니다. 그리스도의 십자가를 볼 수 있는 우리는 이제 알 수 있습니다. 그리스도께서 죄를 지은 모든 죄인의 대속물로 죽으셨고 이들의 죄가 용서받았으며, 그분은 죄를 지을 모든 죄인의 대속물로 죽으셨고 이들의 죄는 용서될 것입니다. 바울은 죄를 심판하는 하나님이 의로우시다는 것을 '이 시대에' 보여 주기 위해서라고 말합니다.

사람이 죄를 지을 때마다, 하나님은 죄인이 아닌 죄인의 대속물에게 온전한 형벌을 내리십니다. 하나님은 죄를 심판하실 때 의롭습니다. 동시에 그분이 죄를 심판하는 방법, 곧 특별한 방법을 통해 예수 믿는 자를 의롭게 하신다는 것도 볼 수 있습니다. 칭의, 다시 말해 우리 죄를 다른 이가 대신 심판받은 것에 근거해 하나님이 우리를 용서하고 받아들이신다는 개념은 바울이 여기서 가르치는 메시지입니다. 로마서 3-5장도 다르지 않습니다. 바울은 십자가의 의미를 설명합니다. 이러한 성경적 근거 위에 저는 형벌 대속이 그리스도의 십자가에 관한 진리를 표현하기 위해 꼭 필요한 표현이라고 주장합니다.

반대가 있고 문제도 있으며 어려움도 생기지만, 우리의 주장은 아직 끝나지 않았습니다. 우리는 형벌 대속에 대한 비판들에 맞서 형벌 대속에 대한 우리의 믿음이 옳음을 입증하기 위해 몇몇 문제를 살펴보고 몇 가지를 더 분명히 해야 합니다.

형벌 대속의 의미

이제까지 말씀드린 것을 다섯 개의 핵심으로 나누겠습니다. 어떤 관점에서 보면, 이미 전한 내용의 의미를 설명하는 것일 수도 있습니다. 그러나 다른 관점에서 보면, 비판에 답하기 위해 중요한 부분을 구체적으로 설명하는 것이기도 합니다.

1. 대속의 정의

첫째 핵심은 단어의 정의와 관련이 있습니다. 일종의 준비운동인데, '대속'이란 단어에 대한 편견이 틀렸다는 것입니다. 우리는 '대속'이란 단어가 적절하지 못하다고 말하는 수많은 저자를 마주합니다. 그리스도의 십자가는 대리적(vicarious)이고 대표적(representative)이라 말해야 할 뿐 대속적이라 말해서는 안 된다는 것입니다.

사전에서 답을 찾는 것으로 충분합니다. 옥스퍼드 영어사전에서 '대속'(substitution)은 "한 사람이나 사물을 다른 하나의 자리에 둠"으로 정의됩니다. '대표'(representation)는 "다른 사물이나 사람을 대표하거나 그 사람의 자리에 선다는 사실, 하나의 사물이나 사람이 다른 하나를 대신함(substitution)"으로 정의됩니다. '대리적'(vicarious)은 "다른 사물이나 사람의 자리를 차지하거나 공급하는, 적절한 사물이나 사람을 대신하는(substituted)"으로 정의됩니다. 옥스퍼드 영어사전을 토대로 말합니다. 이 단어들은 서로 구분될 뿐 차이가 없습니다. '대표적'과 '대리적'은 '대속적'이라는 뜻입니다.

삽을 삽이라고 부르는 게 당연하듯이, 이것을 분명하고 기본적인 단어로 사용하는 게 당연합니다.

2. 대속의 성격

둘째, 대속의 영역은 법정적입니다. 어떤 이들은 형벌과 무관한 대속은 생각할 수 있어도 하나님의 심판과 연결된 대속 개념은 받아들일 수 없다고 말합니다. 이런 사람들을 논박하고 싶습니다. 이런 사람들에게 말해 주고 싶습니다. 성경과 도덕적 경험 둘 다가 알려 주듯이, 우리는 하나님의 심판을 생각해야 합니다.

형벌 대속이라는 개념은 그렇게 할 수 있습니다.[8] 이것이 참으로 형벌 대속의 영광입니다. 형벌 대속은 형벌을 의미하는 라틴어 '포에나'(*poena*)를 가져온 표현인데, 이는 심판자 하나님이 그분의 요구를 잘못 행하거나 충족하지 못한 우리에게 합당하게 내리시는 형벌을 가리킵니다. 이것이 지금까지 우리가 말한 것입니다.

하나님의 법정적 맥락은 도덕적 맥락이기도 합니다. 하나님은 참되고 옳은 것에 따라 심판하십니다. 하나님은 마음대로 심판하시는 게 아니라 있는 그대로 심판하십니다. 반면에, 인간의 사법 체계는 늘 도덕적 현실에 근거하지는 않습니다. 성경은 도덕적 현실 세계와 하나님이 심판하시는 세계를 하나로 여깁니다. 하나님의 심판은 우리의 과거에 대한 보응이 우리의 현재와 미래에 미친다는 것을 뜻합니다. 하나님이 친히 이 과정을 주관하십니다.

하나님은 과거의 우리가 저지른 잘못과 죄가 언제나 지금의 우리와 미래의 우리에게 영향을 미치게 하십니다. 그렇게 하는 것이 옳기 때문입니다. 에밀 브루너(Emil Brunner)의 표현을 빌리

---

8) 이어지는 섹션은 다음에 나오는 한 섹션을 발췌해서 실은 것이다. J. I. Packer, "What Did the Cross Achieve? The Logic of Penal Substitution. The Tyndale Biblical Theology Lecture, 1973," *Tyndale Bulletin* 25 (1974): 3-45.

면, "죄책이란 우리의 과거, 곧 절대로 선하게 바꿀 수 없는 과거가 언제나 우리의 현재 상황에서 한 요소로 작용한다는 뜻입니다."[9]

분명히, 이것은 도덕적 현실과 실제 도덕적 경험의 문제입니다. 과거의 죄가 손을 뻗어 현재의 경험에 악영향을 미칩니다. 맥베스 부인이 잠결에 중얼거리며 돌아다니다 자기 손에 묻은 피를 보고 어떻게 씻거나 깨끗하게 해야 할지 모를 때, 그녀는 하나님의 심판을 믿고 깊이 성찰하는 모든 사람이 틀림없이 깨달았을 응보의 질서를 증언하는 것입니다. 악행은 잠시 잊힐지 모릅니다. 다윗은 밧세바와 우리아에게 저지른 죄를 잊었습니다. 그러나 악행은 이내 다시 생각납니다. 나단이 깨우치자 다윗은 자신의 죄가 생각났습니다. 그럴 때 곧바로 양심이 작동하기 시작하며 우리는 거기에 온통 신경을 집중하게 되고 평화와 즐거움이 사라집니다. 무언가가 우리에게 말합니다. 우리는 자신이 한 일 때문에 고통 당해 마땅하다고 말입니다. 옛 신학자들이 말했듯이, 하나님이 우리가 한 짓 때문에 노하셨다는 생각에 이를 때, 이러한 느낌은 사실상 지옥, 땅 위의 지옥을 시작합니다.

---

[9] Emil Brunner, *The Mediator: A Study of the Central Doctrine of the Christian Faith*, trans. Olive Wyon (London: Lutterworth Press, 1934), 443.

이런 맥락에서, 실제로 죄책을 경험하고 죄를 깨닫는 맥락에서 형벌 대속의 진리를 제시하는 것은 우리의 상황에 관한 네 가지 통찰에 초점을 맞추기 위해서입니다. 이것이 제가 인용한 문맥들에서 바울이 형벌 대속을 적용하는 방식입니다. 네 가지 통찰을 차례로 간략하게 말씀드리겠습니다.

통찰 1: 하나님에 관해

첫째 통찰은 하나님과 관련이 있습니다. 양심이 우리를 정죄할 때 증언하는 응보의 원리(retributive principle)는 하나님이 정하신 것이며 실제로 하나님의 법이 반영하는 거룩과 공의와 선의 표현입니다. 우리의 죽음, 육체적 죽음뿐 아니라 영적 죽음, 곧 몸의 생명뿐 아니라 하나님의 생명을 잃는 것도 하나님이 우리에게 내리셨고 이제 우리에게 집행되도록 준비하시는 정당한 판결입니다.

통찰 2: 우리 자신에 관해

둘째 통찰은 우리 자신과 관련이 있습니다. 우리는 이렇게 판결 아래 있기에 과거를 되돌리거나 현재의 죄를 털어버릴 능력이 없다는 것입니다. 따라서 우리를 위협하는 것을 피할 길이 없습니다.

통찰 3: 예수님에 관해

셋째 통찰은 주 예수 그리스도와 관련이 있습니다. 그분이 하나님의 심판을 우리를 대신해 받으셨으며 그것이 무엇이든 우리가 선고받은 죽음의 모든 면을 직접 경험하셨습니다. 그러므로 루터는 우리가 받는 용서와 사면의 기초를 놓으면서 이렇게 설명했습니다. "그리스도께서 영원한 진노를 맛본 낙담한 양심의 두려움과 공포를 직접 겪으셨다 … 그분이 '어찌하여 나를 버리셨나이까'라고 하셨을 때 이것은 게임이나 농담이나 연기가 아니었다. 그때 그분은 심지어 죄인이 버림 받은 것처럼 자신이 실제로 모든 것에서 버림 받았다고 느끼셨다."[10] 그래서 우리는 이렇게 찬송합니다.

우리 알 수 없고, 말할 수 없네
그분이 어떤 아픔을 당하셨는지,
그러나 우리 믿네
그분이 우리 위해 달려 고난 당하셨음을[11]

---

10) Luther, *Werke*, 5:602, 605.
11) Cecil Francis Alexander, "There Is a Green Hill Far Away" (1848). "저 멀리 푸른 언덕에"(새찬송가 146장), 인용은 역자 직역.

그분은 그게 무엇이든 우리가 선고받은 죽음의 모든 면을 직접 경험하셨고, 이로써 우리가 받는 용서와 사면의 기초를 놓으셨습니다.

통찰 4: 죄책에 관해

넷째 통찰, 곧 형벌 대속의 개념이 우리가 실제로 경험하는 죄책과 나쁜 양심에 관해 제시하는 통찰은 믿음과 관련이 있습니다. 믿음은 무엇보다도 자신에게서 벗어나 자기 밖을 보며, 그리스도와 그분의 십자가를 현재의 용서와 미래의 소망을 위한 유일한 근거로 보는 문제입니다. 믿음은 하나님의 요구가 이전이나 지금이나 변함없으며, 우리의 양심이 옳다고 선언하는 하나님의 응보의 법이 그분의 세계에서 지금껏 작동을 멈추지 않았고 앞으로도 멈추지 않으리라는 것을 압니다.

그리스도인에게 있어 그 법은 이미 작동 중인데, 갈보리가 우리의 모든 죄를, 과거와 현재와 미래의 모든 죄를 덮을 만큼 작동 중입니다. 그러므로 우리의 양심은 우리의 죄가 이미 다른 분의 죽음을 통해 심판받고 벌을 받았음을 알기에 평화를 누립니다. 그러기에 번연의 순례자가 십자가 앞에 설 때 그의 짐이 풀어집니다. 오거스터스 토플리디(Augustus Toplady)는 확신할 수 있었습니다(다음은 그가 지은 찬송의 한 구절입니다).

주께서 내 짐 지시고

하나님의 모든 진노

나 대신 받으셨다면,

피 흘리시는 나의 보증인의 손에서 한 번

나의 손에 또 한 번

하나님이 그 값 두 번 요구하지 못하시리[12]

믿음으로 우리는 하나님이 값없이 주시는 의라는 선물을 아는데, 이것은 의로운 자가 누리는 하나님과의 바른 관계를 말합니다. 믿음은 이것을 알 뿐 아니라 의롭게 된 사람의 의무, 곧 바울이 고린도후서 5장 15절에서 말하듯이 "오직 그들을 대신하여 죽었다가 다시 살아나신 이를 위하여" 살아야 하는 의무도 압니다.

이것이 대속의 영역이며 형벌의 영역입니다. 이것이 실제적인 인간의 죄책이라는, 실제적인 인간의 문제라는 견지에서 대속이 의미하는 바입니다. 실제적인 인간의 죄책이라는 문제가 인간이 처한 곤경의 중심에 자리하고, 또 인간이 겪는 불행의 중심에 자리합니다. 선조들이 단호하게 단언했듯이 저도 단호

---

12) Augustus Toplady, "From Whence This Fear and Unbelief," 1844.

하게 단언합니다. 형벌 대속은 인간의 핵심적 필요를 직접적으로 말하며, 따라서 진실로 복음의 핵심입니다.

3. 대속의 연대

셋째 핵심을 살펴볼 차례입니다. 대속의 연대라는 맥락입니다. 하나님이 놀라운 일을 하십니다. 그리스도 안에서 우리를 우리의 죄로부터 구원하십니다. 이것은 법적 허구가 아니라 연대입니다. 다시 말해 우리와 그리스도의 연합을 통해, 그리스도께서 우리가 그분의 의에 참여하게 하십니다. 이것은 우리와 아담의 연합, 그리고 그 연합을 통해 아담이 우리를 그의 죄에 가담시킨 것과 같은 맥락입니다. 형벌 대속은 이러한 존재론적 연대에 근거합니다.

이것은 루터가 "놀라운 교환"이라고 불렀고 좀 더 최근에 모나 후커(Morna Hooker)가 "그리스도 안에서 일어난 교환"(interchange in Christ)[13]이라 불렀던 더 큰 신비의 한 순간입니다. 신비에 속하는 네 순간을 보십시오. 첫째는 성육신입니다. 하나님의 아들이 사람이 되어 인간의 형편에 들어오셨습니다. 둘째는 십자가입니다. 그리스도께서 우리의 대리하는 대속자

---

13) Morna D. Hooker, "Interchange in Christ," *JTS* 22 (1971): 349–61.

(representative substitute)로서 우리의 죄에 대해 우리가 받아 마땅한 모든 것을 하나님의 심판을 통해 받으셨습니다. 그러나 믿음과 하나님의 선물인 성령을 통해 우리가 그리스도와 연합하고 그분과 연대해 하나님의 의가 될 때, 셋째 순간이 찾아옵니다(이것은 로마서 6장과 골로새서 2장의 논리를 상기시킵니다.)

그리스도와의 연대에서 우리는 고통 없이, 보이지 않게 죽습니다. 그리스도께서 우리의 대속자로서 십자가에서 고통스럽게 공개적으로 죽으셨기 때문입니다. 우리는 그리스도의 죽음에서 그분과 연합하고 그리스도의 부활에서도 그분과 연합합니다. 바로 이렇게 그리스도의 의가 우리의 의가 됩니다. 대속하는 그리스도의 죽음 때문에 우리는 용서받고 하나님께 받아들여집니다. 우리는 그리스도와 무관하게가 아니라 그리스도 안에서, 그리스도와의 연대에 기초해 하나님의 의가 됩니다.

4. 대속의 근원

넷째, 대속의 근원은 하나님의 사랑입니다. 이 교리를 비판하는 사람들은 흔히 이렇게 주장합니다. 대속 교리는 사람들을 사랑하지 않는 사납고 적대적인 아버지가 사람들을 사랑하도록 회유하는 따뜻한 아들을 제시함으로써 삼위일체를 분열시킨다고 말입니다.

억지 주장입니다. 이런 주장은 이 신비에 대한 성경의 증언과 전혀 반대입니다. 성경은 그리스도의 대속의 원천은 하나님의 사랑이라고 거듭거듭 말합니다.

요한은 요한일서 4장 8절에서 "하나님은 사랑이시라"고 말한 후, 뒤이어 자신의 말이 무슨 뜻인지 설명합니다. 그는 현대 자유주의자가 이따금 하나님의 사랑이라는 주제를 설명하는 방식으로, 즉 하나님은 너무나 인자해서 자신의 피조물을 최종적으로 심판하거나, 그 가운데 하나라도 자신 앞에서 내쫓거나, 이들의 죄를 최종적으로 묻지 않는다는 식으로 설명하지 않습니다. 오히려 이렇게 설명합니다. "사랑은 여기 있으니 우리가 하나님을 사랑한 것이 아니요", 우리가 그분을 사랑하지 않음에도 "하나님이 우리를 사랑하사 우리 죄를 속하기 위하여 화목제물로 그 아들을 보내셨음이라"(10절).

사랑이 주 예수 그리스도를 십자가에 보낸 것이 분명합니다. 그러나 그 사랑은 아들의 사랑이었듯 마찬가지로 아버지의 사랑이었습니다.

대속의 근원은 아버지와 아들, 그리고 우리가 확실하게 덧붙일 수 있듯이, 성령님의 사랑입니다. 아버지와 아들과 성령께서 십자가에서 속죄 사역을 함께하셨습니다.

5. 대속의 열매

마지막 핵심은 단순합니다. 대속의 열매는 바울이 고린도전서 1장 23절에서 설명하는 구원입니다. 거기서 바울은 "우리는 십자가에 못 박힌 그리스도를 전하니"라고 선언하며, 이러한 시각에서 복음을 제시하고, 뒤이어 자신의 말이 무슨 뜻인지 설명합니다. 곧 하나님이 그리스도 예수 안에서 우리 생명의 근원이시며, 그리스도 예수께서 "하나님으로부터 나와서 우리에게 지혜와 의로움과 거룩함과 구원함이 되셨다"는 것입니다(30절).

그리스도 예수는 우리로 구원에 이르게 하는 지혜로 우리를 지혜롭게 하신다는 의미에서 '지혜'이며, 우리를 하나님 앞에서 의롭게 하신다는 의미에서 '의'이고, 우리가 그분 안에서 구속함을 받았다는 의미에서 '구속'이며, 이루어진 '속죄'를 통해 우리를 하나님과의 언약 관계(인간 편에서는 하나님께 헌신하는 것이지만, 더 중요하게도 하나님 편에서는 우리를 받아들이는 것입니다)로 이끄신다는 기본적 의미에서 '거룩함'입니다. 이것이 성경이 말하는 거룩함(sanctification, 성화)의 기본 의미입니다.

Proclaiming Christ in a Pluralistic Age

05

다른 이름은 없습니다

그리스도의 유일성에 대한 도전

"다른 이름은 없다"는 말에서, 제가 오늘 강의를 준비하며 어떤 성경구절을 염두에 두었는지 아실 것입니다. 저는 사도행전 4장 12절에서 베드로가 유대인 지도자들에게 한 말을 염두에 두었습니다. "다른 이로써는 구원을 받을 수 없나니 천하 사람 중에 구원을 받을 만한 다른 이름을 우리에게 주신 일이 없음이라."

저는 구주 예수 그리스도의 유일성(uniqueness)을 말하고 있습니다. 저는 일종의 모토를 가지고 이 시리즈 강연을 시작했습니다. 그 모토는 바울이 고린도전서 1장 23절에서 했던 말입니다. "우리는 십자가에 못 박힌 그리스도를 전하니." 이 어구를 통해 저는 여러분에게 세 가지를 깊이 생각해 보라고 했습니다. 그 가운데 둘은 지난 네 차례 강연에서 살펴보았습니다. 첫 번째는 들은 진리를 깊이 생각하라는 것입니다. "십자가에 못 박힌 그리스도"는 하나의 메시지를 가리키는데, 이 메시지는 이방인에게 미련한 것이었고 유대인에게 거리끼는 것이었습니다. 저는 시리즈 강연을 시작하면서 질문을 드렸습니다. "십자가에 못 박힌 그리스도"라는 표현이 무슨 뜻입니까? 이 표현이 무엇에 관해 말하고 있습니까? 바울이 이렇게 말할 때 했던 생각을 안다면 우리는 이 말씀을 어떻게 설명해야 할까요?

신학적 진리

십자가의 목적

세 가지 핵심을 말씀드렸습니다. 첫째, "십자가에 못 박힌 그리스도"라는 표현은 창조자 하나님이 그분의 세상을 새롭게 하시는 우주적 목적과 관련이 있습니다. 이것은 인간의 내적 삶에서 일어나는 사적 사건들을 넘어 훨씬 더 많은 것과 관련이 있습니다. 온 우주를 새로운 형태로 만드는 것과 관련이 있습니다. '그리스도'라는 칭호는 역사의 중심에 자리하며 우주를 위한 복이 들어오는 통로이신 분을 가리킵니다.

바울은 십자가에 못 박힌 그리스도를 말할 때 예수님에 관한 내용을 하나님의 우주적 목적, 곧 에베소서 1장 9절에서 "그 뜻의 비밀"(the mystery of his will)이라 일컬은 것의 맥락 안에 놓고 요약합니다. 그 목적이란 그리스도 안에서 만물을 재통합하는 것입니다. 실제로 그리스도께서 다시 오실 때 만물이 그리스도 안에서 재통합될 것이며, 우리 그리스도인은 이를 믿습니다. 이것이 첫째 핵심이었습니다. "십자가에 못 박힌 그리스도"는 이처럼 우주적이며 새롭게 하시는 하나님의 목적에 들어맞는 표현입니다.

십자가에 못 박힌 분

둘째, "십자가에 못 박힌 그리스도"는 십자가에 못 박힌 분의 신성을 가리키는 표현입니다. 바울에게 "그리스도는 누구였습니까?"라고 묻는다면 그는 주저 없이 "나사렛 예수, 하나님의 아들"이라고 답할 것입니다. 이 그리스도, 성육하신 하나님은 거기 계시는 그리스도입니다. 그러므로 우리는 그분의 말씀이 전파될 때마다 여기 계시는 그리스도를 말합니다. 그분은 하나님의 아들이며, 세상을 창조하고 유지하는 일에서 아버지의 대리자셨고 이제 세상을 구속하는 일에서 아버지의 대리자가 되셨습니다(골 1장).

이것이 "십자가에 못 박힌"이란 말의 의미입니다. 하나님의 아들이, 성육신을 통해 인간 예수가 되신 분이 십자가를 통해 세상을 구속하셨기 때문입니다. 우리는 예수가 하나님이라고 선언하는 신학은 신격화된 신화이며, 그것은 사적이고 개인적인 차원에서 의미를 갖는다고, 다시 말해 성령 충만한 사람이었던 나사렛 예수가 자신과 만난 사람들에게 일으킨 영향을 말하는 것에 지나지 않다고 단언하는 이들에게 맞서 이 핵심을 분명히 했습니다.

십자가 사건

이 표현이 가리키는 셋째 핵심이 있습니다. "십자가에 못 박힌"이란 말은 십자가 사건을 가리킵니다. 지난 강연에서 어떻게 바울이 십자가 사건을 인간의 죄를 위한 대속의 희생으로, 우리가 용서받고 하나님께 받아들여지기 위해 필요한 희생으로, 실제로 의, 곧 이 의를 이루신 그리스도를 믿는 자들에게 하나님과의 바른 관계를 가져다주는 유효한 희생으로 확대하는지 함께 보았습니다.

십자가의 진리

우리는 어느 시점에 이렇게 묻기 시작했습니다. "바울이 단언한 이 모든 것이 참인가요?" 그리고 이 질문에 "그렇다"고 답하기 위해 역사 변증을 전개했습니다. 역사적 사실들은 그렇다고, 이것이 참이라고 말하는 것으로 보입니다. 예수 그리스도는 성령 충만했던 사람 훨씬 이상이었던 것으로 보입니다. 그분은 죽은 자 가운데서 다시 살아나신 것으로 보입니다. 만약 예수 그리스도께서 다시 살아나지 않으셨다면, 신약성경이 지금과 같지 않았을 것이며, 교회가 부활 공동체로 시작되지도 않았을 것입니다. 이 핵심은 그분이 단순히 성령 충만한 사람이었던 게 아니라 하나님이셨다는 바울의 선언이 진리라는 강력한 증거를 제시합니다. 이것들이 우리가 말해야 할 진리에 관해 이제까지 살펴본 것입니다.

십자가의 증인들

두 번째로, "우리는 십자가에 못 박힌 그리스도를 전하니"(고전 1:23)라는 말씀은 이 진리를 전하는 자들과 함께하라고 듣는 이들을 초대합니다. 바울은 여기서 "우리는 … 전하니"라고 말하는데, 과연 '우리'는 누구입니까? 먼저 바울은 자신과 동료 사도들을 말하는 것이 분명합니다. 2장 6절에서 그는 "우리가

… 말하노니"라고 하면서 우리가 성숙한 자들에게 지혜를, 하나님이 계시하신 비밀을, 하나님이 이제 우리에게 알려 주신 것을 전한다고 했습니다. 고린도전서 2장 12-13절에서는 하나님이 우리에게, 사도들에게 그분의 일을 알려 주시는 것에 관해 더 구체적으로 말합니다. "우리가 세상의 영을 받지 아니하고 오직 하나님으로부터 온 영을 받았으니 이는 우리로 하여금 하나님께서 우리에게 은혜로 주신 것들을 알게 하려 하심이라 우리가 이것을 말하거니와 사람의 지혜가 가르친 말로 아니하고 오직 성령께서 가르치신 것으로 하니." 여기서 영감(inspiration)에 대한 사도들 특유의 주장을 볼 수 있습니다. 바울은 사도들의 가르침이 권위 있는 이유는 이것이 사도들에게 계시된 하나님의 가르침이며, 성령께서 사도들을 통해 가르치시는 말씀이기 때문이라고 주장합니다.

앞에서 신약성경을 읽을 때 증언의 연대(solidarity)와 증거의 수렴을 보게 된다고 했습니다. 나사렛 예수, 그분의 신적 위격(divine person)과 속죄 사역을 말하는 신약성경의 어휘와 형식이 모두 다르지만, 이 증언의 핵심이 하나로 모이는 것을 봅니다.

여기서 이렇게 질문할 수 있습니다. 그렇다면 사도들만 이 진리를 전해야 합니까? 지난 강연의 마지막 부분에서 이야기했듯이 우리 또한 동료 신자로서 이들 곁에 증인으로 서서, 이들의 삶을 바꾸었듯이 우리의 삶을 바꿀 능력이 있는 동일한 진리를 선포해야 합니다.

십자가 전하기

이제 "우리는 십자가에 못 박힌 그리스도를 전하니"라는 표현이 우리에게 깊이 생각해 보기를 요청하는 세 번째 문제를 살펴볼 차례입니다. 이것이 오늘 강연에서 우리의 특별한 관심사인데, 바로 '말하는 일'입니다.

바울은 "우리가 … 전하니"라고 말합니다. "우리는 십자가에 못 박힌 그리스도를 전하니." 그렇다면 언제 어디서 전합니까? 바울은 언제 어디서든 전하라고 답합니다. 골로새서 1장 28절에서 바울이 한 말을 기억하십시오. "우리가 그를 전파하여 각 사람을 권하고 모든 지혜로 각 사람을 가르침은…."

바울은 모든 사람이 알아야 한다고 믿습니다. 그래서 자신이 아는 것을 모든 사람이 알게 하는 일을 일생의 과제로 삼습니다. 왜입니까? 성경은 이 질문의 답을 곧바로 제시합니다. 성경에는 이 좋은 소식을 전하라는 보편적 명령이 있습니다. 예수님이 모든 인류에게 하시는 보편적 요구가 있습니다. 그리고 모든 사람 안에는 복음만이 채울 수 있는 보편적 필요가 있습니다.

저는 베드로가 "천하 사람 중에 구원을 받을 만한(must be saved) 다른 이름을 우리에게 주신 일이 없음이라"고 했을 때(행 4:12) 사용한 'must'라는 단어에 이 모든 게 내포된다고 생각합니다. 마태복음 28장 19절에 보편적 명령이 있습니다. "가서 … 제자로 삼아." 이것은 대위임령이며 우리 모두에게 친숙합니다. 우리 주님은 "가서 모든 민족을 제자로 삼으라"고 말씀하십니다. 마찬가지로, 사도행전 1장 8절에서 주님은 사도들에게 "너희가 … 예루살렘과 온 유대와 사마리아와 땅 끝까지 이르러 내 증인이 되리라"고 하시며, 이 메시지가 땅끝까지 뻗어나가야 한다고 강조하십니다. 그 이유는 바울이 아덴(아테네)에서 "[하나님이] 이제는 어디든지 사람에게 다 명하사 회개하라" 하신다고 선언할 때 드러납니다(행 17:30).

십자가의 주장

그리스도께서 이 복음에 관해서 하시는 보편적인 주장이 있습니다. 곧 자신이 하나님을 아버지로 아는 유일한 길이라는 것입니다. 요한복음 14장 6절을 여기서 다시 인용할 수 있습니다. "내가 곧 길이요 진리요 생명이니 나로 말미암지 않고는 아버지께로 올 자가 없느니라." 이것이 온 세상이 필요로 하는 소식입니다. 그리스도께서는 모든 사람이 아버지 하나님을 알아야 한다고 하셨는데, 복음을 듣고도 하나님 알기를 거부하는 자는 생명을 거부했기에 심판을 받을 것입니다.

십자가의 필요성

이것은 십자가의 보편적 요소 중 앞서 언급한 세 번째 필요로 이어집니다. 곧 십자가에 못 박힌 그리스도의 복음이 아니고서는 그 누구에게도 소망이 없다는 점에서 십자가는 인간의 보편적 필요입니다.

바울이 로마서에서 타락한 인간의 상태를 어떻게 분석하는지 기억하십시오. 타락한 인간은 율법 아래 있고, 죄 아래 있으며, 하나님의 진노 아래 있고, 우리 죄에 대한 하나님의 심판의 위협 아래, 현재 지금 여기 죽음 아래 있습니다. 죽음이 아담 안에 있는 모든 자를 지배합니다. 이것이 인간의 상태입니다. 이런 상태가 그리스도 밖에 있는 모든 인간의 운명을 결정합니다. 바울은 에베소서 2장 12절에서 자신의 증언을 요약하면서 신자들을 일깨웁니다. 그리스도 밖에 있을 때 이들은 세상에서 소망이 없고 하나님도 없었습니다.

이것이 그리스도 없는 인간의 상태이고 전망이라면, 이를 불쌍히 여기는 마음이 복음을 전하는 동기여야 합니다. 우리는 세상에 복음을 전합니다. 단지 그리스도께 순종해 사람들을 향한 그분의 요구를 알리기 위해서가 아니라, 복음의 메시지가 절실히 필요한 주변 사람들을 불쌍히 여기는 마음에서 복음을 전합니다. 이것은 하나님을 사랑하라는 첫째 계명과 이웃을 사랑하라는 둘째 계명에 순종하는 문제입니다. 복음이 선포될 때 이 둘이 함께합니다.

복음주의자들은 이 문제를 늘 이해해 왔습니다. 이들은 복음을 전하는 소명을 주님의 명령에 순종할 뿐 아니라 동료 인간들을 불쌍히 여기며 섬기는 문제로 보았습니다. 그래서 18세기 이후, 복음주의자들은 복음을 세상 구석구석에 전하고 이로써 세상이 구원받게 하는 데 헌신해 왔습니다. 어떤 사람은 윌리엄 캐리(William Carey)를 떠올릴 것입니다. 그는 가서 모든 민족으로 제자를 삼으라는 지상명령을 크게 강조하면서 이것은 단지 사도들만이 아니라 모든 교회를 향한 명령이라고 전하며 교회에 엄청난 모토를 제시했습니다. "하나님이 하실 큰일을 기대하라. 하나님을 위해 큰일을 시도하라."[1]

어떤 사람은 19세기의 존 모트(John Mott)를 떠올릴 것입니다. 그는 "이 시대에 세계의 복음화"(The Evangelization of the World in This Generation)라는 모토를 내걸고 학생자원운동을 일으켜 "복

---

1) William Carey, "The Deathless Sermon" (May 30, 1792), Friar Lane Baptist Church, Nottingham, England.

음화를 완수해 왕이 다시 오시게" 하자고 했습니다. 혹은 좀 더 최근에 세계 복음화를 내세우며 열린 베를린 대회와 로잔 대회를 떠올릴 것입니다.

지난 200년 동안, 온 땅 구석구석까지 복음을 전하는 것은 전 세계 복음주의자의 가장 큰 관심사였습니다. 그러나 20세기 후반에 접어들면서 세상이 그리스도를 믿게 하는 일을 막는 장애물이 늘어난 것으로 보입니다. 세계 인구가 폭발적으로 늘어나고 있습니다. 이제 세계 인구가 40억이 넘었고 급속히 증가하고 있습니다. 절대적 기준으로 보면 전 세계에서 그리스도인의 수가 늘어나고 있습니다(영국이나 호주 같은 나라에서 일어나는 일은 차지하고). 그러나 비율로 보자면, 인구가 폭발적으로 늘어나는 세상에서 그리스도인은 여전히 소수입니다. 사실, 세계 인구 가운데 그리스도인의 비율은 이전보다 낮아지고 있습니다.

그뿐 아니라, 문이 닫히고 있습니다. 어떤 경우에는 거세게 닫히고 있습니다. 대략 세계 인구의 3분의 1이 철의 장막 뒤에서, 정부의 반대 때문에 복음 전파가 매우 어렵거나 불가능한 환경에서 살고 있습니다.

뿐만 아니라, 이 시대에는 동양의 힌두교와 불교, 그리고 어떤 면에서 기독교의 한 지류지만 매우 분명한 의미에서 민족적인 이슬람 같은 민족 종교들이 강력해지고 있으며, 그들의 힘과 존엄과 잠재력에 대한 의식을 일깨우면서 서양을 침범해 개종자들을 얻으려 하고 있습니다.

숫자로 판단하면, 복음이 세상에서 실제로 앞으로 나아가고 있는 것처럼 보이지 않습니다. 전체 상황을 전 세계를 기준으로 볼 때 그렇게 보이지 않습니다. 사람들이 낙담하더라도 이상하지 않은 상황입니다. 이들의 마음이 억측과 이론으로 옮겨 갑니다. 모든 사람이 복음을 들어야 한다는 확신이, 그리스도인은 세상 모든 이에게 복음의 빚진 자라는 확신이 어쩌면 수정되어야 할 가능성을 탐구하는 억측과 이론으로 옮겨 갑니다. 사람들은 묻습니다. "정말 그럴까요? 우리가 과거에 그렇다고 생각했던 것은 과신이 아니었을까요?"

신학적 억측들

세 억측을 잠시 살펴보려 합니다. 먼저 분명히 하기 원하는데, 이 중에 어느 하나도 받아들일 만한 것이 없습니다.

첫째 억측은 모든 종교의 신은 구원하는 능력이 있다는 것입니다. 이것은 자유주의적이고 급진주의적인 개신교인들이 매우 거침없이 받아들이는 억측입니다. 둘째 억측은 세상의 비기독교 종교들 속에 "익명의 기독교"(anonymous Christianity)라 부를 만한 것이 있다는 주장입니다. 이것은 첫째 억측에 상응하는 로마가톨릭의 주장입니다. 셋째 억측은 교조적 만인구원론(dogmatic universalism), 곧 하나님은 자신이 지은 모든 이성적 영혼을 마침내 영광으로 이끄시리라는 믿음입니다. 이 억측들을 차례로 살펴보겠습니다.

다원주의: 모든 종교에 구원이 있다

첫째 억측은 모든 종교의 신은 구원하는 능력이 있다는 것입니다. 이런 생각이 어디에서 왔습니까? 적어도 개신교 세계에서, 이런 생각은 프리드리히 슐라이어마허(Friedrich Schleiermache)의 견해에 근거합니다. 슐라이어마허는 자유주의의 할아버지라고 불리는 19세기 초의 뛰어난 신학자였습니다. 그는 어느 종교든 본질이 같으며, 종교는 신에 대한 의존심이고, 이러한 의존심이 모든 종교의 공통된 핵심이라고 가르쳤습니다. 종교 간의 유일한 차이는 그 의존심이 말로 정교하게 표현되는 정도의 차이라는 것입니다.

20세기에 슐라이어마허를 따르는 학자로는 독일의 에른스트 트뢸치(Ernst Troeltsch)와 폴 틸리히(Paul Tillich), 미국의 윌리엄 어니스트 호킹(William Ernest Hocking), 영국의 아널드 토인비(Arnold

Toynbee)와 존 힉(John Hick) 등이 있는데, 이들 모두 슐라이어마허의 견해가 참으로 옳다고 각자의 방식으로 주장합니다. 하나님은 세상이 아는 모든 종교를 통해 사람들을 위해 본질적으로 같은 일을 하고 계시다는 것입니다. 예를 들면, 다음은 이러한 입장을 교조적 형태로 표현한 것입니다.

> 기독교는 구원의 한 길로, 이천 년 전 시작되어 세 대륙에서 구원의 주된 길이 되었다. 세상의 나머지 큰 신앙들도 마찬가지로 구원의 길이며, 인류의 다른 큰 집단들에게 신적 실재에 이르는 주된 길을 제시한다.[2]

이러한 믿음에서 비롯된 선교관은 한 종교의 대표자들이 다른 종교에 가서 자신의 지혜와 그 종교의 지혜를 혼합하는 게 적절하다고 말합니다. 이렇게 함으로써 다른 종교를 대체하지 않고 오히려 풍성하게 한다는 것입니다. 선교를 이러한 시각에서 생각해야 한다고 합니다. 마치 뉴욕행 비행기를 운항하는 항공사가 세계 각지에 많은데, 어느 항공사를 이용하든 뉴욕만 가면 된다는 식으로 말입니다. 항공사는 중요하지 않습니다.

---

[2] John Hick, *God and the Universe of Faiths: Essays in the Philosophy of Religion*(London: Macmillan, 1973).

기내식이 다르고 승무원 복장이 다르며 기내 방송 언어가 다르겠지만, 어느 항공사든 목적지는 뉴욕입니다.

또는 신지학자(theosophy)가 좋아하는 방식으로 설명할 수도 있습니다. 세상의 다양한 종교의 신자들이 모두 같은 산을 오르고 있다고 말입니다. 우리 모두 꼭대기에서 만날 것입니다. 그러면 예수가 특별했을까요? 기껏해야 수준이 특별했다는 것입니다. 예수는 하나님께 자신을 여는 방법을 생생하게 보여 주었고 하나님의 인도와 압박에 자신을 완전히 드렸으며 하나님의 인도를 따르는 자로서 이웃의 안녕을 이타적으로 사랑했다는 점에서 특별했을 뿐이라고 말입니다.

다음은 앞서 언급했던 『하나님의 성육신은 신화다』라는 책에 제시된 기독교관의 일부입니다. 이 책에서 직접 인용하는 편이 좋을 것 같습니다. 제가 조금이라도 이 책을 비방한다는 인상을 주고 싶지 않기 때문입니다. 그러므로 존 힉이 예수에 관해서 쓴 글을 그대로 읽겠습니다.

> 이 나사렛 사람은 하나님의 실재를 강렬하면서도 압도적으로 의식했다. 그는 하나님의 사람이었고 보이지 않는 하나님의 현존 가운데 살았으며 하나님을 아바 아버지라 불렀다. 그의 영은 하나님을 향해 열려 있었고, 그의 삶은 지극히 은

혜로우면서도 지극히 요구하시는 하나님의 사랑에 대한 지속적 반응이었다. 그는 하나님을 아주 강하게 의식했기에 그의 삶이 이를테면 하나님의 삶에 맞춰진 것 같았다. 그 결과, 그의 손은 병자를 고칠 수 있었고 마음이 가난한 자들은 그의 앞에서 새 생명의 불이 붙었다. 당신이나 내가 1세기 팔레스타인에서 그를 만났다면, 그의 존재에 깊은 혼란과 도전을 느꼈을 것이다. 우리를 대면하는, 우리 자신을 그에게 온전히 드리고 거듭나라는 하나님의 절대적 요구를 대면하고 느꼈을 것이다.[3]

물론, 존 힉에게 거듭난다는 것은 은유일 뿐입니다. 새로운 시작을 의미하는 은유일 뿐입니다. 그에게 거듭난다는 것은 "그의 자녀로, 땅에서 그의 목적을 이루는 대리자로 거듭난다"는 것입니다.

슐라이어마허도 이보다 더 잘 표현할 수는 없을 것입니다. 이것은 슐라이어마허의 입장을 분명하게 표현한 1977년판 진술입니다. 존 힉에게 다른 종교를 어떻게 생각하는지 묻는다면, 그는 우리에게 아주 분명하게 답할 것입니다.

---

[3] John Hick, "Jesus and the World Religions," *The Myth of God Incarnate*, ed. John Hick (London: SCM Press, 1977), 172.

이번에도 공정하게 그의 글을 그대로 읽겠습니다.

> 모든 구원, 곧 모든 인간 동물(human animals)이 하나님의 자녀가 되게 하는 것이 하나님의 일이다. 종교마다 인류를 향해 구원 활동을 하는 하나님의 이름이 다르다. 기독교는 이런 존재를 가리키는 여러 이름이 있다. 영원한 로고스, 우주적 그리스도, 삼위일체의 둘째 위격, 아들 하나님(성자), 성령 하나님 등이다. 우리의 기독교가 '인류를 향해 행동하는 하나님'을 '로고스'라 부른다면, 모든 종교에 있는 모든 구원이 로고스의 일이다. 문화가 다르고 신앙이 다른 사람들이 다양한 형상과 상징 아래서 로고스를 만나고 구원을 찾을 수 있다고 말해야 한다. 그러나 나는 구원받은 모두가 순전히, 오로지 나사렛 예수에 의해 구원받는다고 말할 수는 없다.[4]

이것도 슐라이어마허의 입장에 대한 분명한 진술입니다. 힉은 모든 종교에는 그 종교의 신자를 위한 구원의 의의(saving significance)가 있다고 말합니다. 우리가 기독교가 우세한 땅에 태어나 기독교의 토대 위에서 자란 것은 지리적 우연일 뿐이라

---

4) John Hick, *God Has Many Names* (Louisville, KY: Westminster John Knox, 1982), 175.

고 말입니다. 기독교를 통해 우리에게 주어지는 것은, 힌두교를 통해 힌두교도에게 주어지거나 알라 숭배를 통해 무슬림에게 주어지는 것보다 많지 않다는 것입니다. 이것이 그의 시각입니다.

우리는 이에 대해 뭐라고 말해야 할까요? 이것은 성경이 말하는 기독교와 전혀 동떨어져 있다고 아주 강력하게 말해야 합니다. 예를 들면, 데살로니가전서 1장 9절 이하 같은 구절은 기독교를 요약하여 제시하는데, 여기서 바울은 우상숭배에서 돌이켜서 살아계신 참 하나님을 섬기고 다시 오실 아들을 기다리는 데살로니가 회심자들에게 말합니다. 또는 로마서 1장 18절 이하 같은 구절은 이방 종교들을 가리켜 창조자 하나님께 등을 돌린 여러 형태로 해석합니다. 로마서 1장 18-23절은 이러한 생각을 매우 분명하고 자세하게 설명하는데, 에밀 브루너가 이를 이해하는 방식이 제가 보기에는 바울이 말하려는 핵심을 매우 공정하게 표현한 것 같습니다.

'다른 종교들'의 하나님은 언제나 우상이다. 상상에서 비롯된 종교 형태들은 언제나 세속화의 법칙을 따르는데, 유한화(making finite; 일반적 다신론의 의미에서 이루어지는 우상숭배) 또는 비인격화(depersonalization; 이 경우 하나님의 개념은 추상화된다. 곧 하나님은 인격체이길 그치고 하나의 원리가 된다)의 형태로 그렇게 된다 … 세속화, 곧 하나님과 자연 및 인간의 혼합이 첫째 현상이라면, 그다음은 "마음은 안으로 굽는다"(*cor incurvatum in se*, 그는 여기서 어거스틴을 인용하고 있다), 자기중심주의, 인간중심주의, 또는 행복주의(eudamonism), 즉 하나님께 영광을 돌리지 않거나 이기적인 마음이 모든 '다른 종교들'의 가장 깊은 동기다 … 인간의 원죄는 가장 먼저, 주로 종교에서 발생한다. 원죄의 본질은 인간의 배신과 자신에게 몰두하려는 뿌리 깊은 성향이다.[5]

사도 바울은 로마서 1장 18절 이하에서, 사람들이 불의로 하나님의 진리를 막으며 자신의 창조자를 예배하길 거부하고 대신에 피조물을 예배한다고 인류의 상황을 진단합니다. 브루너는 이러한 바울의 진단을 아주 잘 요약해서 보여 주는 것 같습니다.

다른 종교들이 하는 일을 살펴보면 이들을 정죄하지 않을 수 없습니다. 다른 종교들에 대한 정죄는 주님이 산상설교에서, 기도할 때 말을 헛되이 되풀이하는 이교도에 관해 하신 말씀에

---

5) Emil Brunner, *Revelation and Reason: The Christian Doctrine of Faith and Knowledge* (Philadelphia, PA, 1946), 264.

암시되어 있습니다. 이방 종교들의 기도와 종교 행위는 전적으로 신을 향해 자신을 칭찬하는 문제입니다.

이것은 입증되고 또 입증되어 왔습니다. 라이몬 파니카르(Raimon Panikkar)와 같은 신학자가 좋은 의도로 한 노력에도 불구하고 이것이 여전히 사실입니다. 그는 1964년에 낸 저서 『힌두교의 알려지지 않은 그리스도』(The Unknown Christ of Hinduism)에서 힌두교도의 도덕성과 선한 삶은 기독교의 구원하는 성례들에 상응한다고 주장했습니다. 그러나 이는 실제로 그리스도인이 아는 은혜의 삶과 매우 다릅니다. 힌두교는 행위의 종교로, 은혜의 종교와 뚜렷이 다릅니다. 기독교에서 나타나는 것과 똑같은 종교의 본질을 여기서도 볼 수 있다는 주장은 전혀 설득력이 없습니다. 이 부분을 좀 더 말하고 싶지만 다음으로 넘어가겠습니다.

로마가톨릭: 익명의 그리스도인이 구원받을 것이다

이제 여기에 상응하는 로마가톨릭의 억측을 살펴보겠습니다. 대표적 주창자 카를 라너(Karl Rahner)가 그렇게 부르듯이, 이 억측은 "익명의 기독교"(anonymous Christianity)라 불립니다. 로마가톨릭에서 "교회 밖에는 구원이 없다"는 공식이 역사적으로 어떻게 전개되어 왔는지 살펴보겠습니다. 알다시피, 로마가톨릭 사상은 로마 주교를 머리로 인정하는 교회 외에 다른 교회는 없다는 믿음에서 시작합니다. 제2차 바티칸 공의회가 그렇게 불렀듯이 "프로테스탄트 에클레시아 공동체"는 교회의 몇몇 특징을 보이지만 엄격한 의미에서 교회가 아닙니다. 이교도의 경우, 이들이 적어도 외적으로는 교회 안에 있다는 데 의문의 여지가 없습니다. 3세기부터 오랫동안, "교회 밖에는 구원이 없다"는 명제에 대한 특유의 해석은, 성례의 삶에 직접 함께 참여해야만 구원을 얻는다는 것이었습니다. 이러한 참여가 없으면 누구도 소망이 없습니다.[6]

이러한 시각은 16세기에 트렌트 공의회가 세례를 물리적 실재(*in re*; 곧 세례 때 실제로 물에 들어감으로써)로 받을 뿐 아니라, 의지나 서약이나 결심(*in voto*)으로도 받을 수 있다고 가르침으로써 이교도에게, 적어도 세례를 받지 않은 사람에게 문을 한 뼘 열 때까지 이처럼 단순한 형태로 지속되었습니다. 그래서 여기에 '화세'(baptism of desire, 열망의 세례)라는 이름을 붙였고, 물로 세례를 행하기 불가능한 상황에서는 이것이 하나님 앞에서 실제 세례가 된다고 주장했습니다.

---

[6] 이어지는 열두 단락은 다음에서 발췌한 것이다. J. I. Packer, "The Way of Salvation, Part IV: Are Non-Christian Faiths Ways of Salvation?" *BSac* 130:518 (April 1973): 111–114.

십자가에 달린 강도가 예수님을 믿은 경우가 한 예일 것입니다. 그의 경우, 물로 세례를 받기가 불가능했다는 데는 의문의 여지가 없습니다. 그래서 트렌트 공의회는 마음으로 세례를 열망하지만 세례를 받을 수 없는 사람은 구원하는 성례, 곧 세례가 그의 경험에서 전혀 실제로 일어나지 않더라도 구원받은 자들 가운데 속한다고 가르쳤습니다.

그 후 1863년, 교황 비오 9세(Pius IX)는 어느 회칙에서 이교도와 개신교인과 동방 그리스도인에 관해 말하며 "참 종교에 대한 무지 아래 수고하는 자들은, 이 무지를 극복할 수 없는 상황이라면 이 부분에 있어 주님의 눈에 유죄로 여겨지지 않는다"[7]고 단언함으로써 문을 조금 더 열었습니다. 바꾸어 말하면, 치료가 불가능한 강력한 무지 아래 있는 사람은 유죄로 여겨지지 않는데, 이들의 무지가 게으름이나 악이나 하나님께 불순종하려는 그 어떤 의도 때문이 아니라, 순전히 이들이 참 종교를 인식할 수 없는 상황 가운데 있기 때문입니다.

이를 트렌트 공의회에서 말한 것과 연결하면, 어떤 사람이 믿음이 좋은데도 "극복할 수 없는 무지"(invincible ignorance)로 인해 의식적인 수준에서 참 교회(여기서는 로마 교회를 가리킵니다)를 거부

---

[7] Henrici Denzinger, ed., *Enchiridion Symbolorum*, 30th ed. (Friburg, 1955), 1647.

할 가능성이 즉시 나타납니다. 개신교도처럼, 또 많은 사람이 그러하듯이 로마 교회는 거짓이고 우상숭배적이라고 믿는 동시에, 무의식적으로 열망에 따라(*in voto*) 참 교회에 속할 수도 있습니다. 그들은 참 교회에 있기를 원하지만, 로마 교회가 참 교회라는 것을 인식할 수 없습니다.

로마가톨릭은 어떻게 가톨릭 신자가 아닌 사람이 구원을 받을 수 있는지 설명하기 위해 줄곧 이런 노선을 취했습니다. 1949년, 레너드 피니(Leonard Feeney) 신부가 로마가톨릭 신자 외에는 모두 지옥에 떨어진다고 가르쳤을 때, 로마 교황청은 리처드 쿠싱(Richard Cushing) 대주교에게 서한을 보내 이런 가르침을 이단으로 정죄하며 이런 주장을 하는 자는 누구든지 파문하겠다고 했습니다. 이로써 피니 신부의 공식 사역이 끝났습니다.[8] 1964년 제2차 바티칸 공의회는 한 발 더 나갑니다.

그러나 어떤 사람이 우리 주 예수 그리스도의 아버지를 알지 못하지만 창조자를 인정하거나 그림자나 형상 가운데서 알려지지 않은 하느님을 구한다면, 하느님은 이런 자들에게 결

---

[8] 이 사실은 다음에 실려 있다. Hans Küng, "The Freedom of Religions," *Attitudes toward Other Religions*, ed. Owen C. Thomas (London, 1969), 201. 얀센주의자(Jansenist)가 내세운 "교회 밖에는 은혜가 없다"는 명제는 오래 전에 정죄되었다(Denzinger, *Enchiridion Symbolorum*, 1379).

코 멀리 계시지 않는다 … 죄 없이, 그리스도의 복음과 그분의 교회에 대해 무지하면서도 진실하게 하느님을 구하고, 양심의 명령으로 알려진 하느님의 뜻을 은총의 힘으로 행하려는 자들은 영원한 구원을 얻을 것이다. 그뿐 아니라, 하느님의 섭리는 자신의 잘못 없이, 하느님을 아는 분명한 지식에 이르지 못했으나 하느님의 은총으로 선한 삶에 이르려 노력하는 자들이 구원받는 데 필요한 도움을 거부하지 않는다.[9]

로마가톨릭 신학의 특징은 은혜가 모든 사람의 모든 삶에 스며들었기 때문에 타락한 인간의 마음은, 죄 때문에 약하더라도, 전적으로 하나님을 대적하는 성향을 갖게 되지는 않는다는 것입니다. 이를 토대로, 로마가톨릭 신자들은 "모든 사람은 마음 깊은 곳에서 신에게 나아가려 노력하며, 하나님은 이러한 노력을 보고 인정하신다"고 비교적 쉽게 말할 수 있습니다. 바로 이러한 노력이 암묵적 믿음으로 여겨지며 이들이 구원에 이르는 수단이 된다는 것입니다. 앞서 인용한 글이 실제로 이렇게 말하고 있다고 보입니다.

---

[9] "Dogmatic Constitution on the Church," ii.16, in *The Documents of Vatican II*, ed. Walter M. Abbott, trans. Joseph Gallagher (London, 1966), 35. (가톨릭 문서이므로 God을 '하느님'으로 옮김-역주).

제2차 바티칸 공의회가 열리기 3년 전, 뛰어난 로마가톨릭 신학자 카를 라너는 다음과 같은 주장을 폈습니다. 이것은 바티칸 선언에 암시되었고 앞서 인용한 글에 암시된 내용을 훨씬 분명하게 표현한 선언입니다.

> 기독교의 배타적인 주장들은 기독교가 알려진 곳에서만 작동한다. 비기독교 신앙들, 곧 은혜와 죄가 결합되어 생겨난 산물들은 기독교가 없는 어느 곳에서나 '적법하고' 구원하는 종교로 기능하며, 그러므로 그 신자들은 '암시적 믿음'(즉, 교회가 믿는 것을 믿으려는 성향)을 가진 '익명의 그리스도인'(anonymous Christians)으로 분류되어야 한다. 교회의 선교 과제는 바울이 아테네에서 무지 가운데서 이미 예배를 받고 계신 하나님을 소개함으로써 그렇게 했듯이(행 17:23) 익명의 기독교 세계의 신앙을 명확한 기독교 신앙으로 만드는 것이어야 한다.[10]

이 노선에 상당히 부합하게도, 하나님이 교회 울타리 밖에서 거대한 구원 사역을 펼치신다는 생각이 현대 로마가톨릭 신학

---

10) Karl Rahner, "Christianity and the Non-Christian Religions," *Theological Investigations*, trans. Karl H. Kruger (London, 1966), 5:115-135.

에서 나타납니다. 이것이 제2차 바티칸 공의회의 선언을 뒷받침하는 일종의 억측이며, 대다수 로마가톨릭 신자들은 이것을 거의 공리로 여깁니다. 우리는 이러한 생각을 어떻게 보아야 할까요? 제가 보기에, 다음과 같이 말해야 합니다.

첫째, 라너의 생각은 억측이며, 바울이 아테네 설교에서 제시한 핵심과도 전혀 다릅니다. 바울은 우상숭배를 전혀 정당화하지 않았고 오히려 이를 정죄했습니다.

둘째, 기독교 이외의 종교들이 기독교와 전혀 다르다는 것은 엄연한 사실입니다. 라너의 주장에 따르면, 종교들에서 어떤 근본적 일치나 수렴을 발견하리라 기대할 테지만, 저는 오웬 토머스(Owen C. Thomas)의 말이 맞는 것 같습니다.

> 여러 종교에 대한 현대의 연구에 따르면, 하나의 이상적인 본질이 모든 종교의 중심에 있다는 것을 증명하기란 불가능하지는 않더라도, 매우 어렵다 … 이른바 고등 종교들은 옛 종교들이나 하등 종교들보다 서로 더 가깝지 않으며, 사실상 서로 더 날카롭게 이질적이다 … 다른 종교의 신봉자들은 솔직히 자신의 가장 깊은 통찰이 기독교에서 성취되는 것을 보지 못한다. 당신이 박식한 무슬림이나 불교도나 힌두교도와 대화를 나누어 보았다면 이것이 사실임을 알 것이다. 신적·

인간적 성취의 본질과 관련해 종교들 사이에는 결정적인 차이가 있다.[11]

그는 사실과 이론이 맞지 않다고 말하고 있습니다. 실제로 세상 종교들은 기독교와 다른 방향으로 가는 것 같습니다.

셋째, 기독교 이외의 종교들이 기독교가 시작되기 전까지는 구원의 길이지만 그 후에는 아닌 게 된다면, 오웬 토머스가 날카롭게 지적하듯이 "기독교 메시지가 비밀로 유지되는 편이 다른 종교를 믿는 이들에게 더 안전할 것"입니다.[12]

정말 그럴 것입니다. 그러면 기독교 선교는 세상을 향한 섬김이 아닌 해악이 될 것입니다. 선교사는 자신이 전하는 복음의 첫째 효과가 기존의 구원 가능성을 파괴한다는 것을 부정직하게 숨기거나, 이를 인정하는 광기를 선택해야 할 것입니다. 이는 라너의 생각 전체가 모순임을 입증하는 귀류법(*reductio ad absurdum*)입니다.

앞서 잠시 보았듯이, 무엇보다도 라너의 억측은 비기독교 신앙들에 대한 성경의 시각, 곧 이들은 배교에 뿌리를 두기에 본

---

11) Owen C. Thomas, "Introduction," in *Attitudes toward Other Religions*, ed. Owen C. Thomas (London, 1969), 22–23.
12) Thomas, "Introduction," 24.

질적으로 선하기보다 악한 인간의 종교성이 발현된 것이라는 시각을 무시할 뿐 아니라, 사실상 이 시각과 모순됩니다.

그러므로 저는 그리스도를 믿는 믿음 외에 진정으로 구원하는 종교가 있다는, 본질적으로 그 성격이 기독교 신앙과 동일한 종교가 있다고 주장하는 일부 개신교인이나 로마가톨릭의 억측에 동의할 수 없습니다.

기독교를 전혀 들어본 적 없는 사람이, 양심의 빛을 따라 자신의 죄를 인정하고 진심으로 회개하며 용서받기 위해 하나님을 믿도록, 하나님이 이들에게 특별한 직접 계시를 주신다면, 실제로 이들이 은혜로 용서받고 구원받을 것이며, 자신이 예수 그리스도로 인해 구원받았음을, 이생에서는 아니더라도 이생 너머의 삶에서 알게 되리라는 데 동의합니다(물론 이것은 새로운 이야기가 아니며 다른 사람들이 전에 제시했던 것입니다). 저는 여기에 기꺼이 동의합니다.

그러나 제가 궁금한 점은 이런 일이 정말로 일어나느냐는 것입니다. 이에 관해 전혀 알지 못하기에 저는 이 강연을 시작하면서 인용했던 베드로의 말에 다시 동의합니다. "다른 이로써는 구원을 받을 수 없나니 천하 사람 중에 구원을 받을 만한 다른 이름을 우리에게 주신 일이 없음이라"(행 4:12).

만인구원론: 모두 구원받을 것이다

셋째, 요즘 널리 퍼져 인기를 누리는 만인구원론(universalism)을 잠시 살펴보겠습니다. 만인구원론은 일종의 낙관론이지만, 하나님의 정죄를 받을 만큼 나쁜 사람은 없다는 인간 본성에 대한 낙관론이 아닙니다. 그보다는 그리스도께서 십자가에서 거두신 승리가 그분의 죽음이 이 땅에 살았거나 살게 될 모든 사람의 구원을 보장한다고 생각하는 하나님의 은혜에 대한 낙관론입니다.

만인구원론은 아버지와 아들을 더없이 높이는 것처럼 보입니다. 만인구원론은 제가 믿고 싶어 하는 것에 딱 들어맞습니다. 여러분의 경우도 다르지 않을 것입니다. 만일 여러분이 모든 곳의 모든 사람이 마침내 구원받는다고 믿기를 정말로 원하지 않는다고 말한다면, 저는 여러분의 말에 상당한 잘못이 있다고 생각할 것입니다. 만인구원론은 매우 편안한 교리입니다. 그리스도인의 삶을 얼마간 불편하게 하는 인식 하나를 제거해 주기 때문입니다.

그러나 문제는 이것입니다. 성경이 만인구원론을 허용합니까? 만인구원론의 주장, 적어도 개신교인 사이에서 제시되는 주장은 이런 형태입니다. "신약성경이 그리스도의 말씀을 거부하는 자들에게 선언하는 모든 위협은 사실이며 이들은 지옥에 들어갈 것이다. 다시 말해, 이들은 땅에서 경건하지 못했기에 우리 주님의 비유에 등장하는 부자처럼 아픔과 고통을 겪을 것이다. 하지만 이것이 이들의 최종 상태는 아니다." 만인구원론의 억측은 지옥이 마침내 텅 비게 되리라는 것입니다.

그러므로 만인구원론에 따르면, 로마가톨릭의 연옥이 신자에게 하는 역할을 지옥이 불신자에게 한다는 것입니다. 다시 말해, 지옥이 불신자를 천국에 적합하게 만든다는 것입니다. 만인구원론은 신약성경이 영원한 멸망, 영원한 형벌, 지옥 형벌 등으로 부르는 것에서 비롯된 구원 교리로 보입니다.

만인구원론자의 생각은 사람들이 예수 그리스도와 긍휼을 베풀겠다는 그분의 제의를 이런 상태에서 한층 더 마주하리라는 것입니다. 어떤 사람에게는 이것이 두 번째 기회일 테고 복음을 들어본 적 없는 사람에게는 첫 번째 기회일 것입니다. 만인구원론자는 이러한 만남에서 긍정적인 반응이 일어나 죄에 대한 형벌을 받는 고통의 상태에서 최종적인 기쁨과 영광의 상태로 옮겨가는 전환이 이루어진다고 확신합니다. 그래서 모든 사람이 마침내 구원을 받는다고 말입니다.

여기서 잠시, 우리가 알아야 할 게 있습니다. 만인구원론은 유다까지도 구원받는다고 주장합니다. 우리가 아주 잘 아는 가룟 유다를 살펴보며 만인구원론을 검증해 봅시다.

만인구원론자가 그들의 주장을 뒷받침한다며 제시하는 논증을 일일이 살펴볼 수는 없지만, 지금까지 만인구원론에 대해 설명한 것만으로도 이미 만인구원론이 성경을 근거로 한다기에는 상당한 위험이 있음을 알 것입니다. 만인구원론은 성경이 말하는 것과 조금도 같지 않습니다.

예를 들면, 우리 주님이 들려주신 양과 염소의 운명에 관한 이야기가 있습니다. 한 무리는 영생(zoe aionios, 조에 아이오니오스)에 들어가고 한 무리는 영벌(kolasis aionio, 콜라시스 아이오니오스)에 들어갑니다(마 25:46). 두 단어에 모두 사용된 '아이오니오스'(aionios)는 오는 세대(내세)에 속한 것(최종 단계, 마지막 세대, 최종 상태)을 나타내는데, 그러므로 영생과 영벌이 모두 끝이 없음을 암시합니다.

만인구원론자가 인용하는 성경 본문들도, 따로 떼어 놓으면 모든 사람이 마침내 구원받는다고 말하는 것처럼 보이지만, 설득력 있는 논거가 되지 못합니다. 인용된 본문의 저자들은 다른 곳에서는 다르게 말하는데, 이는 그들이 만인구원을 적어도 이런 식으로는 기대하지 않았다는 뜻입니다. 하나만 예를 들겠습니다. 요한복음에서 우리 주님이 "내가 땅에서 들리면 모든 사람을 내게로 이끌겠노라"고 말씀하신 것은 사실입니다(요 12:32). 그러나 주님이 이보다 앞서 이렇게 말씀하신 것도 사실입니다. "무덤 속에 있는 자가 다 그의 음성을 들을 때가 오나니 선한 일을 행한 자는 생명의 부활로, 악한 일을 행한 자는 심판의 부활로 나오리라"(요 5:28-29). 이 구절은 만인구원론처럼 들리지 않습니다. 이 외에도 많은 예가 있습니다.

만인구원론을 뒷받침한다고 제시되는 신학 논증들은 장애물에 부딪히고 성경의 증언에 부딪힙니다. "하나님은 사랑이심이라"(요일 4:8)는 선언은 "하나님의 빛이시라"(요일 1:5)는 선언에 앞서 나옵니다. 예를 들어, 존 로빈슨이 하나님의 공의가 하나님의 사랑의 기능이라고 주장할 때, 그의 주장은 요한일서가 말하는 것과 달라 보입니다. 우리는 믿음이 없는 곳에는 구원도 없다는 신약성경의 주장을 직시해야 합니다. 다음 질문에 답해 보십시오. 하나님이 그분의 사랑과 복음을 이생에서 제시하셔도 사람들이 돌이키지 않았는데, 이들이 내세에서 돌이킬 거라고 생각할 수 있겠습니까?

출처를 모르지만 널리 인용되는 말이 있습니다. "한 영혼도 잃지 않을 것이며 마침내 하나님이 모든 영혼을 영원히 품에 안고 그 눈을 들여다보실 것이다." 이게 무슨 말인지 알 것입니다. 그러나 문제는 이것입니다. 주 예수께서 이 세상보다 미래의 삶에서 유다를 향한 사랑을 더 많이 드러내고 그의 눈을 더 오래, 더 효과적으로 들여다보실까요? 유다가 이 세상에서 그 모두에 둔감했는데, 오는 세상에서는 그의 마음이 조금이라도 다를 거라고 생각할 만한 이유가 있을까요?

논증은 여기서 그치겠습니다. 제가 이런 추론을 통해 보이려는 것은 만인구원론 전체가 억측이라는 사실입니다. 이제 만인구원론을 아주 간략하게 살펴보길 마치면서 만인구원론에 대한 세 가지 성경적 반론을 제시하겠습니다. 이것들은 억측과 거리가 멀고 철저히 성경에 근거하며 만인구원론을 도저히 받아들일 수 없게 합니다.

세 반론을 질문 형식으로 제시하겠습니다.

1. 만인구원론과 인간의 결정

성경은 우리가 이생에서 하는 결정이 우리의 운명을 결정짓는 데 결정적이라고 강조합니다. 만인구원론은 이 사실을 무시하는 것이 아닙니까? 이번에도 유다를 생각해 봅시다. 우리 주님은 마태복음 26장 24절에서 유다에 대해 이렇게 말씀하셨습니다. "인자는 자기에 대하여 기록된 대로 가거니와 인자를 파는 그 사람에게는 화가 있으리로다 그 사람은 차라리 태어나지 아니하였더라면 제게 좋을 뻔하였느니라." 여러분은 예수님이 최종적으로 구원받으리라고 보신 사람에 대해 이렇게 말씀하셨을 거라고 생각하십니까?

같은 결론을 가리키는 성경 구절이 많습니다. 요한복음 8장 21-24절에서 예수님은 유대인에게 하나님이 그분을 보내셨음을 믿지 않으면 자기 죄 가운데 죽으리라고 경고하셨습니다. 이 말이 끔찍하게 들립니까? 그런데 이들이 마침내 구원받는다면 이것을 최종 재앙이라 할 수 있을까요?

왜 예수님은 부자와 나사로 비유를 들려주실 때 이들이 들어간 미래에는 이들 사이에 큰 간극이 있어 한쪽에서 다른 쪽으로 건너갈 수 없다는 세세한 내용을 집어넣으셨을까요?

19세기 초의 로마가톨릭 평신도 신학자 폰 휘겔 남작(Baron von Hügel)은 이와 같은 핵심을 가리키며 "지속적 결과들에 대한 확신"(affirmation of abiding consequences)이라고 말했는데, 이처럼 내세를 결정하는 이생의 결정들이 갖는 결정성을 충분히 뒷받침하는 성경 구절이 많습니다. 저는 만인구원론이 이런 구절들을 무시한다고 생각합니다.

2. 만인구원론과 복음 전파

둘째로 만인구원론자는, 제가 생각하기에 피할 수 없는 딜레마에 직면합니다. 만인구원론자는 어느 뿔에 찔리는 게 나을지 선택해야 합니다. **만인구원론 가설은 마치 그리스도 전파와 사도들이 무능하거나 부도덕하다고 비난하는 것 같지 않습니까?**

즉 사도들은 모든 사람이 구원받을 것을 몰랐기에 모든 사람이 구원받지 않을 것처럼 행했으니 무능한 것 아닙니까? 그게 아니라면 모든 사람이 마지막에 구원받을 것을 알면서도 두려움을 이용해 사람들을 하나님 나라에 몰아넣으려고 이 사실을 감추었으니 부도덕한 것 아닙니까?

이 딜레마는 표현하기 쉽지 않은데, 제 표현이 거칠더라도 양해해 주시기 바랍니다. 만인구원론자는 두 대안 중 하나에 만족해야 합니다. 그러나 저는 만인구원론을 거부하며, 따라서 이 딜레마도 거부합니다.

3. 만인구원론과 그리스도인의 양심

셋째 핵심도 질문 형태로 제시하겠습니다. **각 그리스도인의 양심은 만인구원론을 거부하지 않습니까?** 제임스 데니는 이렇게 말했습니다. "나는 이생이 주는 기회[영적 기회]를 잃더라도 또 다른 기회를 가질 거라고 나 자신에게 감히 말하지 못하며, 따라서 다른 사람에게도 감히 말하지 못한다."[13] 그뿐 아니라 다른 사람에 관해서도 감히 그렇게 말하지 못합니다. 제가 어떻게 그렇게 말할 수 있겠습니까? 저는 그 답을 알지 못합니다.

---

13) James Denney, *Studies in Theology* (London, 1895), 244.

저의 결론은 만인구원론의 바구니에 계란을 담지 않는 편이 지혜롭다는 것입니다. 만인구원론은 매력적인 추론이지만 성경적 추론은 아닙니다. 성경은 우리에게 그리스도 없는 사람들, 그리스도 없이 살고 그리스도 없이 죽는 사람들은 실질적 의미에서 잃은 자들이라는 불편한 확신을 갖고 살라고 합니다. 성경은 실제로 그렇다는 사실 위에 삶의 계획을 세우라고 요구합니다.

멸망하는 세상

그러면 우리는 어디에 남겨져 있을까요? 성경은 우리에게 어떤 삶의 계획을 세우라고 요구할까요? 우리는 바울이 멸망하고 있다고 여러 차례 말한 세상에 남겨져 있습니다. 바울은 "십자가의 도가 멸망하는 자들에게는 미련한 것이요"라고 말합니다(고전 1:18). 그가 사용한 '멸망하는'(perishing)이란 단어는 사실입니다. 지금 세상의 상태가 이렇습니다. 지금 세상이 굴러가는 방식이 이렇습니다. 이것이 바로 세상이 무엇을 필요로 하는지 가늠하는 잣대입니다. 세상은 잃은 바(lost) 되었습니다. "온 세상은 악한 자 안에 처한 것"입니다(요일 5:19). 그리스도 없는 사람은 참으로 소망이 없습니다. 그러나 우리에게는 충분한 구주, 십자가에 못 박힌 그리스도, 하나님의 능력과 지혜, 다시 살아나 다스리시는 주님, 죄를 속하는 능력과 하늘 사역으로 모든 사람의 필요를 채우고 모든 사람이 처한 모든 상황에서 모든 사람을 붙잡아 주기에 충분한 분이 있습니다.

이 구주께서 우리를 구원하시며, 이 구원은 인간에게 딱 알맞습니다. 그러므로 그분을 선포하고, "천하 사람 중에 구원을 받을 만한 다른 이름을 우리에게 주신 일이 없으며", 오직 그리스도의 이름을 통해 모든 사람이 구원을 얻는다고 선언하는 것은 우리의 특권입니다. 그분은 모든 사람의 필요를 채우고 모든 사람을 극한 곤경에서 건져내기에 충분하며 적절한 구주이십니다.

주권적 하나님

더 나아가 우리에게는 주권적 하나님이 있습니다. 그분은 아무에게도 구원을 빚지지 않으셨으나 전능한 은혜로 말씀을 통해 구원 사역을 하시면서 자신을 위해 한 백성, 곧 새 인류를 창조하십니다. 복음은 우리에게 십자가의 말씀을 받은 자로서,

예수 그리스도를 구주와 주님으로 믿는 자로서 새 인류가 되라고 요구합니다.

긴급한 부르심

이로써 우리는 주님의 대리자로서 이 말씀을 온 세상에 전하는 교회의 선교에 참여하라고 부르심을 받습니다. 만인구원론이 참이라면 선교가 필요 없을 것입니다. 어쨌든 마지막에는 모두가 구원받을 터이므로 사람들에게 구주를 긴급히 전해야 할 아무런 필요가 없습니다.

그러나 성경은 그렇지 않다고 말합니다. 하나님이 죄인을 구원하기 위해 말씀을 통해 일하시며, 따라서 그분의 주권을 아는 신자라면 "가서 전하라"는 그분의 명령이 갖는 권위를 인정해야 합니다. 도움이 필요한 사람에게 이것만이 유일한 생명의 소망입니다. 그러므로 우리 그리스도인은 해야 할 일이 있습니다. 바로 선교입니다.

엄격히 말해 기독교 선교는 복음 전파뿐 아니라 선한 일도 포함하며, 교회 개척뿐 아니라 선한 사마리아인의 삶도 포함하고, 복음 선포뿐 아니라 사회적 행동도 포함합니다. 그러나 복음 전파가 첫째여야 한다는 데는 의문의 여지가 없습니다. 저는 기독교 선교의 두 면을 동등하게 여기는 것은 실수라고 생각합니다.

  분명한 사실은, 선한 행위의 목적은 선한 말씀에 신뢰를 더하는 것입니다. 어떻게든 메시지를 진전시켜 사람들이 그 메시지를 믿고 받아들이며, 그 메시지가 제시하는 그리스도를 믿고 그분 안에서 생명을 찾게 하는 것입니다. 예수님은 사역을 하시면서 사람들을 사랑하고 치유하며 주린 자들을 먹이셨습니다. 그 목적은 자신이 메시아이고 하나님이 보내신 구주라는 사실에 신뢰를 더하고 이를 확증해 사람들로 자신을 믿게 하려는 것이었습니다.

주제 색인

가현론자 67
『거기 계시는 하나님』(The God Who Is There) 107
게오르크 슈펜라인(George Spenlein) 147
공관복음 70, 95
과학적 방법 115
구속(redemption) 40, 80, 116, 152, 157, 178
구약성경
    ~의 예언 78
    ~의 제사 의식들 158-160
구원(salvation) 197, 203-204, 216-217
    만인구원론 209-213
기독교 신학의 급진주의 41-42
기독교 이외의 신앙들/종교들 192-193, 205-207
그노시스(gnosis) 35-36
『그리스도 신화』(The Christ Myth) 67
그리스도인 64, 102, 191
    동방 그리스도인 202
기독교 49-50, 78, 81, 85-86, 191, 197-198, 205-207
    구원에 이르는 길로서의 194
    구원하는 성례들 200
    신약성경의 97
    십자가에 못 박힌 그리스도 이야기 105-108
    "익명의 기독교"(anonymous Christianity) 193, 200-201, 205
    초기 기독교 97
    큰 교리들 114
기독교 선교 44, 207, 218
기독론
    서신서의 101-102
    인본주의 기독론(humanitarian Christology) 87-89, 94, 96-98, 102
    전체 신약성경의 101-102
    정통 기독론(orthodox Christology) 46

나다나엘 135
누가복음 73
    수난 내러티브 74

『다시 쓰는 기독교 교리』(Remaking of Christian Doctrine) 87
다원주의 193-200
다윗 129, 145, 170
더러움 160
도드(C. H. Dodd) 54, 153
돈 큐핏(Don Cupitt) 93

라이몬 파니카르(Raimon Panikkar) 200
라이트풋(R. H. Lightfoot) 74
레너드 피니(Leonard Feeney) 203
로마가톨릭 200-208
리처드 쿠싱(Richard Cushing) 203
리처드 후커(Richard Hooker) 150

마르틴 루터(Martin Luther) 111-112, 143-150
마이클 램지(Michael Ramsey) 81
만인구원론 209-213
    ~과 그리스도인의 양심 215-216
    ~과 복음 전파 214-215
    ~과 인간의 결정 213-214
만족(satisfaction) 155-156
매킨토시(H. R. Mackintosh) 126
"메시아"(Messiah, 헨델) 33
모더니즘 41
모리스 와일스(Maurice Wiles) 87, 92-93
모세 158-159
믿음(faith) 68, 69, 76-77
    그리스도인의 208
    암시적 206

바리새인 30

바울 36-37, 43-44, 125, 187, 199
  구속에 관해 157-158
  로마서에서 복음을 설명 52-53
  속죄에 관해 157
  신앙과 불신앙 사이의 안티테제에 관해 41
  십자가에 못 박힌 그리스도를 전함 37-41
  아테네(아덴)에서 188
  ~의 가르침 83
  유대인은 표적을 구하고 헬라인은 지혜를 찾는다 30-31
  하나님의 약하심 38
보속(補贖, expiation) 153
보응(retribution) 160
복음
  오늘날 ~의 안티테제 41-42
  복음서의 성격 69-75
  이야기로서의 45-48
  콘서티나 같은 단어로서의 49
복음 전도/복음 전파(evangelism) 218-219
복음주의/복음주의자 190-191, 74, 86
부활(resurrection) 42
  ~의 표적 33-34
불교 191
브루스(F. F. Bruce) 95
비오 9세(Pius IX, 교황) 202
빈센트 테일러(Vincent Taylor) 126

『사람의 얼굴을 한 하나님』(*The Human Face of God*) 121-122
사람의 운명 62
사탄의 반역 61
삼위일체 132-133, 198
선교 194-195
선한 사마리아인의 삶 218
선한 행위 219
성경 속 복음 이야기 56-58
성령 46, 49, 106, 123, 177, 186

~과의 교제 58-59
하나님의 선물 176
성육신 42, 69, 89, 91-94, 98, 100-101, 110, 114, 122, 126-127, 138, 140-141, 175, 183
성화/거룩함(sanctification) 40, 178
세례 201
세례 요한 32, 119
『세상의 빛』(Lux Mundi) 126
속죄일 160-161
신비 종교의 비밀 지식 36
신약성경 87-88, 96, 109
    그리스도에 대한 증언 86
    믿음(faith) 69
    ~에서 복음이 역사로 선포된다 54-55
    ~의 기독론 메시지 75
    하나님이 그리스도 안에서 사람에게 주시는 선물에 관해 64
    "신약성경의 예수님"도 보라.
신약성경의 예수님 75
    메시아 76-79
    아버지께 가는 유일한 길 82-84
    유일한 소망 84-87
    하나님의 아들 79-81
『신약의 저작 시기 재설정』(Redating the New Testament) 96
신적 전지(divine omniscience) 132
신학
    과학으로서의 115
    기독교 신학의 급진주의 41-42
    로마가톨릭 204-205
    속죄(atonement) 155
    신약성경의 90
    ~의 일 112
신학적 억측들 192-193
    다원주의 193-200
    로마가톨릭 200-208
    만인구원론 209-216

신학적 진리
    십자가 사건 184
    십자가에 못 박힌 분 183-184
    십자가의 목적 182-183
    십자가의 주장 188-190
    십자가의 증인들 185-186
    십자가의 진리 185
    십자가의 필요성 190-192
    십자가 전하기 187-188
십자가
    구속(redemption) 152-153
    대속(substitution) 154
    만족(satisfaction) 155-156
    속전(ransom) 152
    화목/화목제물(propitiation) 153-154
    희생/희생제사(sacrifice) 151
    "신학적 진리"도 보라.
십자가에 못 박힌 그리스도 49-50, 183-184, 187, 217
    ~를 전함 37-41, 105
    ~이야기 106-108

아널드 토인비(Arnold Toynbee) 193
아브라함 59
아서 드루스(Arthur Drews) 67
아이오니오스(*aionios*) 211
어니스트 호킹(William Ernest Hocking) 193
어리석음/미친 짓 150-151
억측 110-126
    신학자는 가설을 세워야 한다 111
    신학자는 ~을 신뢰해서는 안 된다 111
    "신학적 억측들"도 보라.
에드윈 호스킨스(Edwyn Hoskins) 95
에라스무스(Erasmus) 111
에른스트 트뢸치(Ernst Troeltsch) 193
에밀 브루너(Emil Brunner) 169, 198, 199

예수 그리스도 59-60, 67, 219
　　고대 세계에서 사용된 칭호, 주 37
　　광야에서 받으신 유혹 30-31
　　그리스도, 역할 칭호 37
　　~는 어떤 사람인가? 68-69
　　메시아 개념 76-79
　　선지자 78
　　아들이자 구주 98-102
　　역사의 73
　　역사의 예수 재구성에서 초자연적 요소들 88-89
　　~와의 연합 64
　　완전한 사람 71
　　왕, 구주-왕(King, Savior-King) 57, 62, 71, 76
　　요한의 제자들에게 주신 메시지 32
　　~의 계시 76
　　~의 긍휼 210
　　~의 두 본성 133-134
　　~의 부활 40, 53, 54, 61, 97
　　~의 사역 31-32
　　~의 승천 134-135
　　~의 유일성(uniqueness of) 181-182
　　~의 인명(人名) 37
　　~의 인성(humanity) 69
　　제사장 78
　　창조에서 아버지의 대리자 119, 120, 136
　　하나님의 형상 63-64
　　하나님이 기름 부으신 세상의 통치자 37
　　하나님이자 사람(God-man) 108-110
　　다음도 보라. "십자가에 못 박힌 그리스도", "예수 그리스도는 누구신가?", "현대 인본주의가 보는 예수", "신약성경의 예수님", "예수 그리스도, 하나님의 아들", "예수 그리스도, 인자", "예수 그리스도의 사역/일(놀라운 교환)"
예수 그리스도는 누구신가?
　　고난 받는 종 122-125
　　성육신하신 아들 125-126
　　영원하신 하나님 116-122

주제 색인 225

예수 그리스도의 사역/일(놀라운 교환) 143-145
    첫째 단계: 대속 146-147
    둘째 단계: 화해 148-149
예수 그리스도, 인자(the Son of Man) 32, 77, 213
예수 그리스도, 하나님의 아들(Son of God) 68, 79-81, 109, 118, 127, 154
현대 인본주의가 보는 예수 87
    ~과 신약성경: 사실인가 허구인가 94-98
    사람인가 신화인가 91-94
    성경: 신뢰성과 재구성 87-91
『예수는 실존 인물인가?』(Did Jesus Exist?) 67
예정(predestination) 114
오스카 쿨만(Oscar Cullman) 95
요나 33-34
요한복음 70, 95, 120-122
요한의 가르침 82
웰스(G. A. Wells) 67
웰스(H. G. Wells) 55
윌리엄 캐리(William Carey) 190
윌리엄 템플(William Temple) 133
유다 135, 210, 212-213
유대인 164
    표적을 구하는 ~의 비합리적 회의주의 30-35
의(righteousness) 40, 178
    대속적 의 162-163
    법정적 의 165-167
    완전한 의 163
이슬람 191
"이 시대에 세계의 복음화"(The Evangelization of the World in This Generation) 190
인구 증가 191

자료 비평(source criticism) 72
자유주의 23, 41, 193
자유주의자는 필요를 구한다 44-45
장 칼뱅(John Calvin) 77, 114, 138, 146-147
제임스 데니(James Denney) 95, 215

제2차 바티칸 공의회 201, 203
조지 스티븐슨(George Stephenson) 93
존 로빈슨(John Robinson) 96, 121-122, 212
존 모트(John Mott) 190
존 힉(John Hick) 42, 92, 194-195, 197-198
죄 38, 40, 158
    ~를 깨달음 171
    ~를 심판하심 166
    ~의 용서 54, 161, 166
죄용서 54, 161, 166
죄책 82, 150, 153, 154, 170-171, 173-175
죽음 189
지상명령/대위임령(Great Commission) 188
지옥 210
지혜 40
    ~를 구하는 지성인 43-45

찬송 50-51
찰스 고어(Charles Gore) 126, 128-129
찰스 몰(Charles Moll) 95
창조/창조세계 79-80, 119, 136
    무질서해진 ~를 새롭게 하심 61
    ~와 창조자 하나님 182
『철도의 역사』(History of Railways) 93-94
칭의(justification) 40, 150, 157, 166

카를 라너(Karl Rahner) 200, 205-207
칼 바르트(Kar Barth) 51
케노시스 이론(kenosis theory) 126-127
    성경적인가? 130-131
    왜 사람들이 ~을 생각하는가? 128-130
    필요한가? 131
    "케노시스 이론: 더 나은 설명들"도 보라.
케노시스 이론: 더 나은 설명들 135-139
    하나님의 사랑 140-141

하나님의 신비 139-140
케리그마(kerygma) 54

『타임머신』(The Time Machine) 55
트렌트 공의회 201-202

편집 비평(redaction criticism) 72-75
포사이스(P. T. Forsyth) 125
폰 휘겔 남작(von Hügel; Baron von Hügel) 214
폴 틸리히(Paul Tillich) 193
프란시스 쉐퍼(Francis Schaeffer) 107
프리드리히 슐라이어마허(Friedrich Schleiermacher) 193-194, 196-197
피 158-160
피흘림 159-161

하나님
    ~과의 교제 58-59, 59-61, 84
    ~과의 부모-자녀 관계 83-84
    ~과의 언약 관계 178
    불가해한 ~의 실재들 112-113
    아들을 영화롭게 하시는 아버지 62
    ~을 아는 지식 18, 48
    ~의 사랑을 참으로 안다는 것 89
    ~의 승리 62
    ~의 신비로운 계시 92
    ~의 영광 62, 80, 120
    ~의 은혜 59, 102
    ~의 의(righteousness) 147, 165, 178
    ~의 자녀됨(sonship) 83
    ~의 주권 217-218
    ~의 증보 59-61
    인류를 향한 ~의 사랑 155, 176-177
    진정한 ~이해 81
    창조자 182
하나님 나라 이야기 56-58

하나님의 백성 이야기 58-59
『하나님의 성육신은 신화다』(The Myth of God Incarnate) 42, 87, 91, 93, 195
하이델베르크 요리문답 156
헌터(A. M. Hunter) 95
형벌 만족/대속(penal satisfaction/substitution)
    ~과 대속의 근원 176-177
    ~과 대속의 연대 175-176
    ~에 관한 통찰들 171-175
    ~의 성격 168-170
    ~의 열매 178
    ~의 의미 167
    ~의 정의(definition) 167-168
형벌 만족/대속은 성경적인가? 156-157
    구약성경에 나타난 158-162
    대속적 의 162-163
    육신의 눈과 믿음의 눈 164-165
    "형벌 만족/대속의 의미"도 보라.
헬라인 30
    지혜를 구하는 헬라인의 회피적 지성주의 35-36
화목/화목제물(propitiation) 148, 153-154, 157, 164-165, 177
화해(reconciliation) 157
회의주의 72
    관심의 탈을 쓴 31
    독단적 42
    "유대인| 표적을 구하는 ~의 비합리적 회의주의"도 보라.
회피적 지성주의 35
힌두교 44, 191, 198
『힌두교의 알려지지 않은 그리스도』(The Unknown Christ of Hinduism) 200

성경 색인

창세기
1 ····· 63-64
3 ····· 62

레위기
17:11 ····· 158, 160

민수기
35:31-33 ····· 159

시편
2:7 ····· 79
8 ····· 99
110 ····· 129

이사야
35:5-6 ····· 33
53 ····· 131
53:10 ····· 162

마태복음
3:12 ····· 32
3:17 ····· 80
4:5-6 ····· 31
11:3 ····· 31
11:4-5 ····· 32
11:6 ····· 32
11:27 ····· 80
11:28-29 ····· 43
12:40 ····· 34
16:1-2 ····· 33-34
16:4 ····· 34
17:5 ····· 80
25:46 ····· 211
26:24 ····· 213
26:53 ····· 132
27:54 ····· 102
28:19 ····· 188

마가복음
5:30 ····· 128
8:11-13 ····· 31
13:32 ····· 137

누가복음
10:22 ····· 80
16:31 ····· 35
20:42-43 ····· 129

요한복음
1:1 ····· 118, 119
1:1-18 ····· 117
1:3 ····· 119
1:4 ····· 119
1:9 ····· 119
1:12 ····· 83, 119
1:14 ····· 120
1:16-17 ····· 121
1:18 ····· 79
3:16 ····· 84
5:19 ····· 136
5:28-29 ····· 212
6:57 ····· 136
8:21-24 ····· 214
12:32 ····· 211
14:6 ····· 83, 188
19:19 ····· 164

사도행전
1:8 ····· 188
4:12 ····· 84, 92, 100, 181, 188, 208
16:31 ····· 44
17:23 ····· 205
17:30 ····· 188

로마서
1:1-5 ····· 52-53
1:18 ····· 198
1:18-23 ····· 198

2:5 ····· 165
3:25 ····· 157
3:25-26 ····· 164-165
5:9 ····· 157
6 ····· 107
8 ····· 61

고린도전서
1:18 ····· 37, 39, 218
1:22 ····· 30
1:23 ····· 181, 185
1:23-24 ····· 29
1:24 ····· 39
1:25 ····· 38, 39, 40
1:30 ····· 40
2:6 ····· 185
2:12-13 ····· 186
13:12 ····· 113
15 ····· 54
15:1-5 ····· 53
15:3 ····· 38

고린도후서
5:15 ····· 174
5:19-21 ····· 148
5:21 ····· 148, 149, 162
8:9 ····· 130, 131

갈라디아서
3:13 ····· 149, 162
6:14 ····· 151

에베소서
1:7 ····· 157
1:9 ····· 183
2:12 ····· 189
4:24 ····· 64

빌립보서
2:5 ····· 123
2:5-8 ····· 123-124
2:7 ····· 125, 130

골로새서
1 ····· 133
1:27 ····· 85
1:28 ····· 87
2 ····· 176
2:14 ····· 163
2:15 ····· 152
3:10 ····· 64

데살로니가전서
1:9 ····· 198
1:9-10 ····· 43

히브리서
1 ····· 68
1:1-3 ····· 80
1:6 ····· 98
2:9 ····· 99
2:14-15 ····· 99

베드로전서
3:18 ····· 83

요한일서
1:5 ····· 212
4:8 ····· 177, 212
4:10 ····· 93, 177
5:19 ····· 216

사명선언문

너희가 흠이 없고 순전하여……세상에서 그들 가운데 빛들로
나타내며 생명의 말씀을 밝혀 _ 빌 2:15-16

1. 생명을 담겠습니다
만드는 책에 주님 주신 생명을 담겠습니다.
그 책으로 복음을 선포하겠습니다.

2. 말씀을 밝히겠습니다
생명의 근본은 말씀입니다.
말씀을 밝혀 성도와 교회의 성장을 돕겠습니다.

3. 빛이 되겠습니다
시대와 영혼의 어두움을 밝혀 주님 앞으로 이끄는
빛이 되는 책을 만들겠습니다.

4. 순전히 행하겠습니다
책을 만들고 전하는 일과 경영하는 일에 부끄러움이 없는
정직함으로 행하겠습니다.

5. 끝까지 전파하겠습니다
모든 사람에게, 땅 끝까지, 주님 오시는 그날까지
복음을 전하는 사명을 다하겠습니다.

서점 안내

광화문점 서울시 종로구 새문안로 69 구세군회관 1층
02)737-2288 / 02)737-4623(F)

강남점 서울시 서초구 신반포로 177 반포쇼핑타운 3동 2층
02)595-1211 / 02)595-3549(F)

구로점 서울시 동작구 시흥대로 602, 3층 302호
02)858-8744 / 02)838-0653(F)

노원점 서울시 노원구 동일로 1366 삼봉빌딩 지하 1층
02)938-7979 / 02)3391-6169(F)

일산점 경기도 고양시 일산서구 중앙로 1391 레이크타운 지하 1층
031)916-8787 / 031)916-8788(F)

의정부점 경기도 의정부시 청사로47번길 12 성산타워 3층
031)845-0600 / 031)852-6930(F)

인터넷서점 www.lifebook.co.kr